DER
ADOLF
IN MIR

SERDAR SOMUNCU

DER ADOLF IN MIR

Die Karriere einer verbotenen Idee

WortArt

Inhalt

Vorwort

Hitler verfolgt mich. Ich laufe. Immer schneller. Immer weiter. Bin außer Atem. Ich drehe mich um, aber ich sehe nichts. Ich laufe weiter. Bis an das Ende meiner Kraft. Bis ans Ende meiner Angst. Immer weiter. Ich drehe mich um, meine Augen scannen jeden Winkel und jede Bewegung. Nur ein kurzer Augenblick Pause. Dann wieder weiter. Schneller, über Asphalt und Stein, über Wiesen, durch Wälder, auf Hügel und durch schmale Gassen.

Obwohl ich mich anstrenge, komme ich keinen Schritt voran. Die Bedrohung kommt immer näher. Sie hat mich schon fast am Kragen, ich spüre ihren Atem in meinem Nacken.

Plötzlich stolpere ich und falle hin. Ich schnaufe, bin vollkommen außer Puste. Meine Lungen schmerzen, aber mein Verstand ist hellwach. Mein ganzer Körper pulsiert und meine Haut ist wie Pergamentpapier, dünn und zum Zerreißen gespannt.

Und dann bohren sich mir Stiefel ins Gesicht. Erst einer, dann zehn, dann Hunderte. Sie treten mir mit voller Wucht auf die Nase, in die Augen.

Ich blute, ich röchle, ich stöhne und alles schmerzt. Mein ganzer Körper verkrampft sich und ich spüre, wie mein Bewusstsein schwindet. Die kalten Sohlen streicheln meine Seele, ihr Profil hinterlässt einen Abdruck in meinem Nervensystem. Ich höre Schreie und Gejaule. Wie von einer Hundemeute, die sich auf ihr erlegtes Opfer stürzt, um es zu zerfleischen. Am Ende wird es immer wärmer und dunkel. Ich ergebe mich den Qualen und genieße es, mir vorzustellen, dass es bald vorbei sein wird. Ich verlasse mich darauf, dass es keine Erinnerung gibt, und wache auf. Schweißgebadet. Und das nicht zum ersten Mal. Wie in einer Endlosschleife träume ich diesen Traum. Hitler verfolgt mich und ich gehe daran zugrunde.

Es ist nun schon Jahre her, dass ich mit meinen öffentlichen Lesungen aus Adolf Hitlers »Mein Kampf« auf Tour war und immer noch quält mich ab und zu dieses merkwürdige Überbleibsel aus jener Zeit, entstanden aus der realen Bedrohung, die ich damals fast tagtäglich erlebt habe. Es ist zu einer Bürde geworden, die ich nicht mehr loswerde: Ich habe eine diffuse Angst um mich und mein Leben und die böse Ahnung, dass das, was ich mir in meinen schlimmsten Träumen vorstelle, eines Tages zur grausamen Realität wird.
Gleichzeitig aber verstärkt sich in mir mit jeder Sequenz, die ich träume, die Hoffnung darauf, diese Angst beherrschen zu können, sie in den Griff zu bekommen, um sie in Tapferkeit umwandeln zu können. Wie ein Artist, der die Höhe sucht, um den Absturz nicht zu fürchten. Ich balanciere auf einem sehr dünnen Seil, ich sehe das Ziel schon vor Augen, aber ich weiß auch, dass jede falsche Bewegung, jeder ungeplante Moment und jeder Zufall mich zu Fall bringen könnten und ich in den Abgrund falle, den ich selbst gesucht habe.

Eine seltsame Gemengelage ist in mir entstanden und gerade das ist das Besondere, das heute meinen Blick auf das ganze Thema Hitler auszumachen scheint. Ich habe auf der einen Seite die Berührungsangst verloren, die sich einem wie ein unüberwindbares Hindernis in den Weg stellt, wenn man sich mit Hitler auseinandersetzt, und auf der anderen Seite habe ich eine viel diffusere Angst entwickelt, weil ich weiß, wie unberechenbar die Auswirkungen seiner Ideen auch heute noch sein können.

Weshalb ich mich auf dieses Thema eingelassen habe, weiß ich nicht mehr. Ich bin oft danach gefragt worden und ich habe so oft darauf geantwortet, ohne wirklich darüber nachgedacht zu haben. Meistens habe ich eine auswendig gelernte Antwort wiederholt. Es war das Einfachste, nicht darüber nachzudenken, und es war darüber hinaus zu schmerzhaft für mich, in die Tiefe zu gehen und mich zu fragen, wo der Hitler vielleicht in mir sein könnte, den ich allabendlich auf der Bühne rausgelassen habe wie ein Dompteur sein Raubtier.

Jetzt, wo er in mir wütet, manchmal gegen mich und manchmal gegen andere, manchmal beherrschbar und manchmal außer Kontrolle, versuche ich zu verstehen.

Ich hatte anfangs nur eine Idee. Einen Gedanken, der sich verselbstständigt und eine eigene Dynamik entwickelt hat. Es ist etwas daraus entstanden, was ich nicht mehr kontrollieren kann und dessen Entwicklung nicht in meiner Macht liegt. Es ist mir weder möglich, diese Idee verschwinden zu lassen, noch kann ich sie in irgendeiner Art und Weise lenken oder nachträglich verändern. Sie ist einfach da. Mir bleibt nur, sie zu akzeptieren und sie so gut wie möglich zu kennen und vielleicht sogar darüber zu erzählen, wie diese Idee heute aussieht, welche Form sie mittlerweile angenommen hat.

Die Gestalt dieser Idee einer künstlerischen Auseinandersetzung mit einem der größten Tabus der deutschen Geschichte hat sich im Laufe der vergangenen Jahre immer wieder verändert. Je nach Lage und Kontext schien es so, als könne der Gedanke immer wieder neue Umrisse und Formen annehmen. Mal ist es die Person Hitler, um die es geht, mal ist es die Faszination, die von ihr ausgeht, dann sind es Entstehung und Auswirkungen der Hitlerzeit oder historische Zusammenhänge und Ursachen.

Auch wenn es die naheliegendste Frage zu sein scheint, wie man auf den Gedanken kommen kann, öffentlich aus Hitlers »Mein Kampf« zu lesen, ist es nahezu unmöglich, eine plausible Antwort darauf zu geben. Ich bin davon überzeugt, dass es sein muss. Und während auf der einen Seite die Geschichte in mir mit diesem Buch weitergeht, läuft auch die Geschichte um dieses Buch weiter und offenbart immer spannendere Wendungen. Sie atmet Gegenwart. Der vorerst letzte Akt steht an, wenn Ende 2015 die Urheberrechte von »Mein Kampf« freigegeben werden und das, was alle befürchten, aber niemand einschätzen kann, eintritt: »Mein Kampf« wird frei erhältlich sein und jeder kann das Werk lesen, ohne dass er dabei ein schlechtes Gewissen haben muss.

Womit wir zugleich an den Anfang der Geschichte kommen, die ich erzählen will. Es geht um die Geschichte eines verbotenen Buches und unseren merkwürdigen Umgang damit. Und es geht um meine Geschichte mit Adolf Hitlers »Mein

Kampf«, die mich seit fast 20 Jahren prägt, und um meine Erfahrungen mit unsichtbaren, gegenwärtigen Diktaturen.

Es ist eine seltsame und spannende Geschichte zugleich. Voller Verbote und Zwänge, voller Unstimmigkeiten und Ängste.

Es ist der Einblick in meine eigene und die Seele eines ganzen Volkes und seiner Nachkommen, ein genauer Blick auf den Umgang von Menschen mit Schuld und Verantwortung und den gescheiterten Versuch einer ganzen Nation, das kollektive Gewissen zu entlasten, den verzweifelten Versuch, einen Frieden mit etwas zu finden, das man noch nicht einmal kennt, und die Sehnsucht danach, endlich Antworten zu geben auf Fragen, die sich über Generationen wie spitze Pfeile in die Seele bohren, ohne dass man sie abwehren kann.

Diktaturen der Vergangenheit – und der Gegenwart
Der Erfolg von Hitlers Ideen bis heute

Ob es Kafkas »Bericht für eine Akademie« war, in dem der zum Mensch gewordene Affe Rotpeter seinen Werdegang zum gefeierten Varieté-Star schildert, oder Bertolt Brechts »Unaufhaltsamer Aufstieg des Arturo Ui«, schon bei meinen frühen Stücken interessierte mich vor allem der Kampf des Einzelnen gegen die Obrigkeit. Die Auseinandersetzung mit dem Thema Nationalsozialismus schloss sich daran nahtlos an.

Ich bin es im Gegensatz zu vielen anderen meiner Generation nicht leid, über die Grauen des Dritten Reichs sprechen zu müssen, und ich will auch weiterhin etwas dazu hören, weil mich brennend interessiert, wie es dazu kommen konnte, dass sich ein ganzes Volk dem Diktat eines Irrsinnigen unterworfen hat.

Für mich war dies, vielleicht auch, weil ich keine Verwandten habe, die in der Waffen-SS waren, kein Tabuthema, das ich verdrängen wollte, sondern es war die zentrale Frage der deutschen Identität. Wie gehen wir mit Hitler um?

Jüngsten Umfragen der Friedrich-Ebert-Stiftung zufolge gibt heute jeder zehnte Jugendliche an, etwas gegen Juden zu haben. Mehr als 50 Prozent der Befragten haben etwas gegen Ausländer und immer noch zu viele finden richtig und konsequent, was Hitler getan hat, und wünschen sich sogar eine starke Führungspersönlichkeit an die Macht.

Haben die Deutschen also wirklich aus ihrer Vergangenheit gelernt? Oder wachsen die Täter nach? Sind die Deutschen wirklich schon so weit, dass sie dieses düstere Kapitel der Geschichte ad acta legen können und zurück zur Normalität kehren können?

Hitler ist eine ständige und immer noch gültige Mahnung daran, wie weit Menschen auf ideologische Irrwege geraten können und sich in ihrer Auffassung von Gerechtigkeit fremdbestimmen lassen. Dabei macht noch nicht einmal die »Einzigabartigkeit« der Person Hitlers die größten Sorgen, sondern der unheimliche Erfolg seiner Ideen bis heute. Jeder Mensch, der heutzutage diskriminiert, verprügelt und ermordet wird, weil er eine andere Hautfarbe, einen anderen Glauben oder eine andere sexuelle Orientierung hat, ist ein stiller Erfolg für Hitler und jeder Gedanke, den wir daran verschwenden, ein adäquates Zeitmaß für Verarbeitung zu finden, ein Schlag ins Gesicht derer, die um Erinnerung kämpfen.

Heute stehe ich seit mehr als 30 Jahren als Schauspieler auf der Bühne. Vieles hat sich seitdem geändert. Als ich 1996 die Idee hatte, öffentlich Passagen aus Hitlers »Mein Kampf« zu lesen und diese mit satirischen Kommentaren zu versehen, war Deutschland nicht so, wie es heute ist. Und auch ich habe nicht so gedacht, wie ich heute denke. Aber wie war ich? Unbefangener, naiver, ahnungsloser, unbeholfener und irgendwie neugierig. Heute bin ich erwachsener, aber auch befangener, und irgendwie auch belasteter.

Mit Erfahrungen, Geschichten und Gedanken. Ich habe in den letzten Jahren vieles erlebt und einiges davon auch wieder vergessen. Vor allem bin ich Teil einer Geschichte geworden, deren Anfang und Ende nicht abzusehen ist. Je weiter ich mich mit der Vergangenheit beschäftige, desto mehr sehe ich Verbindungen zur Gegenwart und Zukunft. Und je mehr Zeit vergeht, desto mehr verändert sich meine Einstellung zu »Mein Kampf«, doch die Fragen, warum dieses Buch auch heute noch nicht gelesen wird, bleiben. Weil es angeblich verboten sein soll? Weil es so kompliziert sein soll? Oder weil sich niemand dafür interessiert? Braucht es überhaupt eine Aufklärung, um denen, die sich dafür interessieren, einen Leitfaden für den richtigen Umgang zu geben, oder sollte man die Neugierigen sich selbst überlassen, in der Hoffnung darauf, dass sie schon nichts falsch verstehen?

Ende des Jahres 2015 werden die Urheberrechte an »Mein Kampf« freigegeben und mit nahezu hundertprozentiger Wahrscheinlichkeit steht uns eine breite Debatte darüber bevor, ob und wie man damit umgeht.

Ich glaube, dass meine Meinung dazu von Bedeutung sein kann. Schließlich habe ich einen 1428 Vorstellungen dauernden Praxistest vor Zuschauern unterschiedlichen Alters, Herkunft und politischer Einstellungen hinter mir, plus der Begegnung mit Zeitgenossen, Wissenschaftlern, Politikern und Journalisten und kann wahrscheinlich wie kein anderer aus einer eigenen Perspektive berichten, wie es ist, wenn man mit dieser heiklen Schrift durch die Lande zieht. Darüber hinaus waren auch die Bühnenjahre, die an die »Mein Kampf«-Lesung anschlossen, für mich in unterschiedlichster Weise Lehrjahre in Sachen Diktaturen der Vergangenheit und der Gegenwart.

Zu den Fragen, die ich mir immer wieder stelle, gehört auch die Frage danach, ob man über Hitler lachen darf. Und obwohl schon zahlreiche Antworten darauf gegeben wurden und die Angelegenheit längst geklärt sein müsste, wird sie immer wieder zum Thema gemacht, so als wäre es noch nie besprochen worden, dass das Lachen über Hitler nicht gleichzusetzen ist mit dem Lachen über die Opfer und dass eine künstlerische Auseinandersetzung auch immer bedeutet, sich von den Restriktionen des Rationalen zu lösen und einen eigenen, vielleicht sogar emotionaleren Umgang mit Dingen zu finden.

Die Frage des richtigen Umgangs mit Hitler und seinen Hinterlassenschaften ist immer verbunden mit der Angst, bei einer falschen Herangehensweise ertappt zu werden und damit in Verdacht zu geraten, ein Sympathisant der nationalsozialistischen Ideologie zu sein.

Deshalb gibt es auch bis heute Berührungsängste bei der Auseinandersetzung mit »Mein Kampf«, die einen unbefangenen Umgang nahezu unmöglich machen. Eine Rolle spielt dabei auch, dass einige davor warnen, dass ein falscher Eindruck entstehen könnte, wenn man im Ausland sieht, dass in Deutschland wieder nationalsozialistische Texte gelesen werden.

Die Neugierigen sind dazu gezwungen, ihr Interesse ins Verborgene zu verlagern, damit wird dem Hype um das Buch und seine Freigabe ein unnötiger Schub verschafft und die aufgeklärte Debatte unmöglich gemacht.

Ein Großteil der jungen deutschen Bevölkerung möchte endlich wieder ein unbeflecktes Nationalgefühl zur Schau tragen, ohne dafür in Verdacht zu geraten, nationalistisch zu sein. Dass diese Haltung nicht unbedingt ausschließlich den Extremen zuzuordnen ist, sondern sogar in einem Großteil des Durchschnitts der deutschen Bevölkerung existiert und vertreten wird, zeigt auch das folgende Zitat des sonst eher gemäßigten Talk-Radiomoderators Jürgen Domian:

»Ich möchte auch nicht als Deutscher, und schon gar nicht meine Generation und die Jungen schon überhaupt nicht, auf die Vergangenheit reduziert werden und nehme mir auch absolut das Recht heraus, die israelische Regierung zu kritisieren, und würde mich massiv verwahren gegen das, dass das antisemitisch ist. Wenn ich eine Regierung kritisiere, kritisiere ich nicht das Kulturvolk der Juden, das ist doch völliger Unsinn. Ich habe sogar manchmal den Eindruck, dass tendenziell in unseren Medien zu israel-freundlich berichtet wird und dass das Leid, was innerhalb der Palästinenser oder innerhalb des palästinensischen Staats passiert, dass das gar nicht so transportiert wird, wie es eigentlich sein müsste (…). Und ich reagiere da auch wirklich aggressiv, wenn man immer dann mit unserer Vergangenheit ankommt. Ja, die Vergangenheit ist schlimm, dazu bekennen wir uns. Das akzeptieren wir. Aber wir werden deshalb nicht mund-

tote Bürger und wir wollen uns äußern zu allen
Dingen auf dieser Welt, so auch zu der Politik
Israels.«

(*Jürgen Domian, »Domian«, 02.02.2013*)

Die meisten hoffen immer noch darauf, dass die Zeit schon
alle Wunden heilt und nur genügend Jahre zu vergehen
brauchen, bis man wieder von einer Normalität ausgehen
kann. Meine große Hoffnung, dass man sich als Deutscher
in einer dauerhaften Vorbildfunktion sieht und sich der
aus Schuld entstandenen Verantwortung nicht nur kollektiv ausgeliefert fühlt, sondern auch intensiv stellt, hat sich
damit leider noch nicht eingelöst. Bis zum heutigen Tag ist
der Wunsch, einen endgültigen Schlussstrich ziehen und
sich entlasten zu wollen, stärker.
Gerade die jüngste Debatte um den Prozess und das Urteil
gegen den ehemaligen SS-Mann Oskar Gröning hat
gezeigt, dass die Diskussion um angemessene Bestrafung
und Milde wichtiger zu sein scheint als die Fragen danach,
wofür eigentlich das Urteil steht und welches Maß gerech-
ter gewesen wäre als die Verurteilung eines 94-jährigen
Mordsgehilfen in über 300 000 Fällen zu drei Jahren Haft.
Die Aufarbeitung der Geschichte hat nichts mit einem
Freispruch von Schuld zu tun. Es bleibt eine dauerhafte
Verantwortung für das, was man Haltung aus Erfahrung
nennt. Aus meiner Sicht kann diese Haltung nur aus einer
ständigen Selbstreflexion entstehen, ein Prozess, der weder
heute beginnt noch morgen endet.
Sind wir klüger als die Menschen vor hundert Jahren oder
sind wir sogar noch anfälliger für Ideologien? Ich bin

heute mehr denn je fest davon überzeugt, dass sich nur mit einem geschärften Gespür für die Zusammenhänge, wie die modernen Ausläufer des Faschismus unsere Gesellschaft unterwandern, eine Antwort darauf geben lässt.

Es spielt dabei mittlerweile keine Rolle mehr, woher der Angriff auf unseren Rechtsstaat kommt. Sei es durch den Kampf der Religionen auf der Suche nach einer universellen Antwort auf den Sinn des Lebens, der uns in jüngster Zeit mehr und mehr bestimmt, oder die Diskussion um das richtigere Gesellschaftsmodell zwischen Kapitalismus und Sozialismus, die uns lange Zeit beschäftigt hat.

Wir haben auf all diese subtilen Angriffe auf unser Lebensmodell von Freiheit und Selbstbestimmung noch längst nicht die richtigen Antworten gefunden. Unserer Verantwortung, die Errungenschaften einer aufgeschlossenen und modernen Gesellschaft zu beschützen, können wir erst vollständig gerecht werden, wenn wir die moralischen und ethischen Grundsätze unserer Haltung erforschen und dafür die Handlungsstränge der Zeit verbinden.

Damals ging es um Krieg und Frieden, heute leben wir in der längsten Friedensperiode, die Europa je erlebt hat. Damals ging es um das Leben nach einer der größten Wirtschaftskrisen der Geschichte. Heute geht es um Umverteilung von Reichtum und Schaffung weltweiter sozialer Gerechtigkeit. Damals haben die Menschen Identität vor allem durch die Zugehörigkeit zu einer Nation definiert. Heute lassen wir unsere Identität von Netzwerken fremdbestimmen.

Auch unsere Haltung zu den gravierenden Veränderungen in der Welt steht zur Disposition. Die Frage danach, ob wir Kriege mitfinanzieren, indem wir Waren kaufen, deren Erlöse in unbekannte Taschen fließen, ist ebenso aktuell wie die Frage danach, wer eigentlich Nachrichten macht und damit Meinung erzeugt.

Können wir diese Auseinandersetzung Demagogen und Verschwörungstheoretikern überlassen oder gibt es einen anderen, vernünftigeren Weg, herauszufinden, wer und was die Welt in unserer Zeit regiert? Und selbst wenn man denen glaubt, die meinen, die wahren Hintergründe zu sehen, kann man ihnen vertrauen?

Ob es Edward Snowden ist oder Xavier Naidoo, ob es Gerhard Wisnewksi ist oder Akif Pirinçci, es ist immer wichtig, die Motivation hinter den Aussagen zu betrachten. Sind sich Menschen wie Jürgen Elsässer, Horst Mahler, Peter Handke, Pierre Vogel, Ken Jebsen, Thilo Sarrazin, Eva Herman, Frei.Wild, Andreas Gabalier in ihren Aussagen der Parallelen zu den Verschwörungstheorien der Nazis bewusst? Benutzen sie den Kampf um Wahrheit für ein viel unlauteres, nicht offensichtliches Ziel oder geht es ihnen wirklich nur um die Freiheit Palästinas, die Verbreitung des wahren Glaubens, die unrechtmäßige Bombardierung Serbiens, die Meinungsfreiheit in Deutschland, die schonungslose Analyse von versteckten Missständen und das Recht Wladimir Putins, die Krim zu annektieren?

Wie absurd sind diese ideologischen Irrläufer, wenn sie letztlich in der Verklärung des syrischen Bürgerkriegs zum Freiheitskampf münden, den tradiert-affektiven Antiamerikanismus zur zentralen Argumentation stilisieren und zugleich der grausamen Propaganda der IS-Terroristen Vorschub leisten?

Wer also glaubt, dass Hitler nur über die Fragen einer vergangenen Zeit geschrieben hat, der irrt.

Zu Beginn des 20. Jahrhunderts hat die Wissenschaft große Fortschritte gemacht, die großen Themen waren die Psychoanalyse Freuds, die Frage danach, was Konsum ist und wie man das Zusammenleben der immer größer werdenden Anzahl an Menschen organisiert, aber auch der Clash zwischen den Ideologien des Karl Marx und dem Weltbild des zu Ende gehenden deutschen Kaiserreichs, der Fortschritt der Industrialisierung und der Aufbruch der Kunst in neue Richtungen vom Impressionismus zu Atonalität und schließlich die Auswüchse des Parlamentarismus, der Pluralismus der urbanen Lebensräume und die unkontrollierbare Dynamik der Börse – alles Aspekte, die heute eine ebenso große Rolle in unserem Leben spielen und in unser Denken und Handeln einwirken.

Es sind Themen, die auch heute noch unsichtbar unsere Ideale von Glück und Unglück bestimmen, und es sind Inhalte, die wir so niemals mit der Lektüre von »Mein Kampf« in Verbindung bringen würden. Deshalb bleibt es unvermeidbar, diese Verbindung zu suchen und sie aufzudecken, ohne dass dabei eine ideologische Verklärung entsteht.

Autobiografisches

Ich bin als Gastarbeiterkind aufgewachsen. Meine Eltern kamen in den 1960er Jahren nach Deutschland, um, wie die meisten Menschen damals, für kurze Zeit zu arbeiten, genügend Geld zu verdienen und dann wieder in die Heimat zurückzukehren.

Anders aber als die meisten der in Deutschland lebenden und arbeitenden türkischen Zuwanderer stammen meine Eltern aus Istanbul. Für sie war der Clash zwischen den Kulturen, ihrem gewohnten Umfeld und der neuen Lebensumgebung, nicht so groß wie für manch einen anderen, der aus einem Dorf Zentralanatoliens direkt in die deutsche Großstadt gekommen war. Daher waren meine Eltern auch sehr neugierig auf die fremde Welt, die ihrer eigenen irgendwie auch sehr ähnlich war.

Sie gingen in deutsche Kneipen, sie tranken Bier und aßen Schweinefleisch, sie versuchten, sich in einem seltsamen Kauderwelsch aus Türkisch und dem, was sie für Deutsch hielten, zu verständigen, und sie fanden deutsche Freunde fürs Leben.

Mein Vater hatte zuvor in Istanbul als Koch in einem Restaurant gearbeitet, meine Mutter war seine Küchenhilfe gewesen. Aus finanzieller Not beschloss mein Vater im Frühjahr 1966, für ein paar Monate nach Deutschland zu gehen. Er fand dort schnell Arbeit. Zunächst in einem

Untertagebau, später in einer Fabrik, die Sanitäranlagen herstellte, und schließlich bei der städtischen Müllabfuhr. Meine Mutter reiste 1969 mit mir und meinen beiden älteren Brüdern nach. Sie fand ebenfalls schnell Arbeit und so begann eine Gastarbeitergeschichte, wie es sie wohl zu Tausenden in Deutschland gibt.

Im Heim

Um zu arbeiten und damit sogar eventuell schneller wieder in die Heimat zurückkehren zu können, gab meine Mutter mich im Alter von knapp zwei Jahren an ein Kinderheim ab, wo ich die Woche über von katholischen Ordensschwestern betreut wurde. Die Wochenenden durfte ich bei meinen Eltern verbringen.

Ich erinnere mich heute nur dunkel an diese Zeit und auch die Erzählungen meiner Mutter geben nur wenig Aufschluss darüber, wie es damals dort wohl zugegangen sein mag. Ich merke nur an der Art, wie sie darüber spricht, und an ihrem Ton, wie schwierig es für sie gewesen sein muss, mich weggegeben zu haben, und dass sie auch heute noch unter einem schlechten Gewissen leidet.

Ich nehme es meinen Eltern nicht übel, dass sie das getan haben, denn ich kann mir ausmalen, in welch verzweifelter Situation sie gewesen sein müssen. Auf der einen Seite der Schmerz, die Heimat verlassen zu haben, auf der anderen Seite die Verantwortung, die Familie in der Fremde zu ernähren. Das muss alles nicht einfach gewesen sein.

Ich war ein sehr stilles Kind. Ich erinnere mich daran, dass ich stundenlang auf einem Stuhl sitzen konnte, ohne zu sprechen, oder mit meinem Spielzeug beschäftigt war. Auch heute noch ist es kein Problem für mich, alleine zu sein.

Die erste Zeit im Heim verging, ohne dass ich wohl sonderlich unglücklich war. Irgendwann aber muss mir die ständige Entbehrung der Mutter und die Trennung von der Familie so schwer gefallen sein, dass ich anfing, unruhig zu werden, und ich versuchte, aus dem Kinderheim zu fliehen.

Ich war inzwischen dreieinhalb Jahre alt und an diese Fluchtversuche kann ich mich heute noch deutlich erinnern: Ich wachte nachts im riesigen Schlafsaal des Heims auf, stieg aus meinem Bett und tapste in der Dunkelheit die endlos langen Korridore auf und ab, bis ich eine Tür gefunden hatte. In der Hoffnung, dass ich nach draußen gelangen würde, öffnete ich die Tür, landete aber immer wieder auf einem neuen Gang, bis ich mich gänzlich verlaufen hatte und schließlich von der Nachtwache einfangen und ins Bett zurückgebracht wurde. Das Heim war gut gesichert und so scheiterte ich immer wieder bei meinen nächtlichen Ausflügen.

Nachdem ich so vergeblich mehrere Fluchtversuche unternommen hatte, beschloss die Heimleitung eines Tages, mich an mein Bett zu fesseln, um weitere Eskapaden zu verhindern. Und so wurde ich mit jeweils zwei Schlingen um Arme und Beine und einer um den Hals an mein Bett gebunden, schlimmer als ein wildes Tier in einem Käfig.

Auch wenn diese Erziehungsmethoden aus heutiger Sicht grausam erscheinen, so waren sie damals dennoch üblich. Für mich als Kind war es ein Martyrium. Ich schüttelte mich stundenlang hin und her und versuchte krampfhaft, mich von den Fesseln zu befreien, und je mehr ich mich bewegte, desto mehr schnitten sich die scharfen Seile in meine Haut. Erst schrie ich und zappelte wild umher, aber als ich merkte, dass es sinnlos war, implodierte ich und schluckte meine Wut. Ich versuchte mich zu beherrschen und gleichzeitig den Druck der Schlingen zu lockern, indem ich jede Faser und jeden Muskel meines Körpers mit meiner ganzen Kraft anspannte. Am Ende hatte ich von der massiven Anstrengung, mich von den Seilen befreien zu wollen, am ganzen Körper blutige Striemen.

So vergingen Tage und Wochen, ohne dass meine Eltern von den Qualen erfuhren, die ich dort allnächtlich erlitt, weil die Schwestern mich zudem auch einschüchterten und mit Schlägen drohten für den Fall, dass ich irgendwem etwas erzählen würde.

Die seltsamen Wunden fielen meinen Eltern auf und je größer und je mehr sie wurden, desto mehr bohrten meine Eltern bei den Nonnen nach den Ursachen dafür. Die Schwestern behaupteten, ich sei ein unruhiges Kind und würde mich nachts kratzen. Ich hätte eine Form von nervöser Neurodermitis und sie würden sich schon darum kümmern.

Aber das beruhigte meine Eltern kaum. Sie wurden immer skeptischer und getrieben von ihrem schlechten Gewissen und der Ungewissheit um meine Lage beschloss mein Vater eines Tages, mich aus dem Heim zurück nach Hause zu holen.

Als ich dann endlich befreit und glücklich in den Armen meines Vaters lag, kam die ganze Erinnerung der Tortur über mich. Ich konnte meine Wut nicht länger unterdrücken, ich explodierte förmlich und beschimpfte die Schwestern lauthals. Zum Abschied hallte mein verzweifeltes Schreien durch das ganze Heim.

Das alles ist heute noch sehr präsent für mich und ich spüre sogar manchmal nachts noch die Fesseln an meinen Armen und Beinen und um meinen Hals.

Schulzeit

Gerade deshalb entwickelte ich schon sehr früh einen ausgeprägten Gerechtigkeitssinn und wusste immer sehr schnell, wann ich mich gegen etwas wehren und ich Widerstand leisten muss und wann es wichtig ist, nicht nur für mich selbst, sondern auch für den anderen einzustehen und zu verhindern, dass ihm Schlechtes angetan wird.

Bis zum heutigen Tag ist es für mich ausgeschlossen, pragmatisch zu denken und den Kopf einzuziehen, um den leichtesten und bequemsten Weg zu gehen. Eher gehe ich noch einmal durch die Hölle, als dass ich mich erneut von irgendwem oder etwas verbiegen lasse.

Kurz darauf kam ich dann in einen katholischen Kindergarten, der ebenfalls von Ordensschwestern geführt wurde. Diesmal aber wurde ich in Ruhe gelassen und nur bei den täglichen Gebeten, bei denen ich glaubte, als Kind muslimischer Eltern zu Stein zu werden, wenn ich mitmachte, und deshalb unter dem Tisch die Beine kreuzte, fiel ich ein wenig auf.

Ich besuchte danach eine evangelische Grundschule und anschließend ein städtisches Gymnasium. Ich hatte das große Glück, in meiner Schulzeit auf Lehrer zu treffen, die meine Empfindlichkeiten erkannten und mich nicht verbiegen wollten, sondern mir dabei halfen, besser damit zurechtzukommen.

Ich war ein schlechter Schüler. Ich habe die Schule gehasst und meine Interessen waren klar aufgeteilt. Naturwissenschaften habe ich boykottiert und Sprachen, Sport, Kunst und Musik habe ich geliebt. Ich wollte weder rechnen lernen, noch hatte ich Interesse an chemischen Gleichungen, aber ich las gern und wollte Englisch und Französisch und Spanisch verstehen. Zudem hatten wir einen Musiklehrer, der mein Talent erkannte und mich auf eine Musikschule schickte, wo ich schon bald ein Stipendium erhielt und zusätzlich zum regulären Unterricht musikalisch ausgebildet wurde.

Dadurch allerdings hatte ich noch weniger Interesse an den Dingen, die auf dem Lehrplan standen, und so begann ich, jenseits des Unterrichts Theater zu spielen, in der Schulband zu trommeln und mich in der Schülervertretung zu engagieren. Eines Tages wurde ich sogar zum Schülersprecher gewählt und erhielt ein eigenes Büro und gesonderte Freistunden zur Organisation der Vertretungssitzungen.

Das machte zumindest einen Teil der schulischen Anstrengungen erträglicher. Ich baute mir so parallel zum Unterricht ein kleines Universum auf, in dem ich mich selbst verwirklichte. Ich organisierte Feste und Feiern, ich leitete Sitzungen und ich organisierte auch Proteste gegen geplante Projekte, wie den Bau eines Parkhauses gegenüber unserem Schulhof. Einmal im Monat fuhr ich zu Sitzungen der Bezirksschülervertretung, wo ich zusammen mit anderen Schülersprechern die Interessen unserer Schülerschaft vertrat.

Immer wieder kam es dabei zu Diskussionen und Auseinandersetzungen, bei denen ich als Sprachführer auftrat. Ich konnte offensichtlich schon damals gut verhandeln und erreichte oft Kompromisse, die man vorher nicht für möglich gehalten hatte. Ich lernte, dass es ich lohnte, zu debattieren und um den richtigen Gedanken zu streiten, ohne den anderen dabei zu unterdrücken oder ihm eine Meinung aufzuzwingen. Ich lernte, meine Interessen zu vertreten, auch wenn der Widerstand manchmal sehr groß war. Ich lernte Demokratie. So wurde ich bereits in diesem frühen Stadium politisiert.

Konservatorium

Als ich das Gymnasium mit Ende der zehnten Klasse im Alter von 16 Jahren verlassen wollte, um eine Aufnahmeprüfung am Konservatorium für Musik im niederländischen Maastricht zu machen, war vieles ungewiss und meine Eltern und Lehrer machten sich große Sorgen. Hätte ich die Prüfung nicht bestanden, wäre ich ohne Abschluss geblieben und es sah nicht so aus, als hätte ich mich davon überzeugen lassen können, etwas anderes zu machen als Musik.

Aber ich bestand die Prüfung und erfüllte mir meinen großen Traum, Musiker zu werden. Dafür nahm ich große Strapazen in Kauf. Ich musste jeden Tag eine Strecke von fast hundert Kilometern von meiner Heimatstadt zu den Vorlesungen reisen, wäre ich mehr als dreimal unpünktlich gewesen, hätte man mich exmatrikuliert.

Ich erhielt kein Bafög oder sonstige Unterstützung und musste nebenher arbeiten gehen, um die Studiengebühr bezahlen zu können. Anfangs nahm ich kleine Aushilfsjobs an. Ich kellnerte oder arbeitete in Lagern, später verpackte ich Jeanshosen oder half bei der Kartoffelernte.

Eines Tages, als ich wieder einmal auf dem Weg nach Maastricht Zwischenhalt in Aachen machte, kam ich an der Tür eines kleinen Theaters vorbei, an der Plakate von Bands und Künstlern hingen, und ich beschloss zu fragen, ob ich dort nicht auch auftreten könnte. Ich erhielt zu meiner großen Überraschung eine Zusage und wurde gegen Zahlung einer Saalmiete für zwei Tage engagiert. Als Stück hatte ich mir Franz Kafkas »Bericht für eine Akademie« ausgesucht. Ich hatte den Monolog des Affen Rotpeter zuvor bereits im Theater gesehen, und ich ging davon aus, dass ich die Saalmiete locker einspielen und darüber hinaus auch noch etwas Geld verdienen würde.

Aber der Plan scheiterte kläglich. Als ich vier Wochen später mit gelerntem Text und Kostüm auf der Bühne stand, spielte ich vor leeren Stuhlreihen. Keiner interessierte sich für meine Aufführung und ich blieb auf der Saalmiete sitzen, was mir ein noch größeres Loch in meine ohnehin schon klamme Kasse riss.

Dennoch hatte ich an der Idee Gefallen gefunden, mit Theater mein Geld zu verdienen, ich wollte nicht lockerlassen. Ich begann, kleine Broschüren als Werbung für mein Stück zu entwerfen, kopierte sie, sammelte Adressen von Theatern und Kulturzentren aus dem gesamten Bundesgebiet und verschickte das Ganze.

Während ich tagsüber zum Konservatorium fuhr, schrieb ich nachts die Adressen auf die Umschläge und brachte frühmorgens die Kisten mit den Broschüren zur Post. Das Geld lieh ich mir von Freunden und Bekannten und stand so immer mehr bei Leuten in der Kreide. Aber ich war sicher, dass mein Plan eines Tages aufgehen würde, und deshalb hielt ich daran fest.

Inzwischen hatte ich mich mit meinen Eltern zerstritten. Ihnen gefiel es überhaupt nicht, dass ihr Sohn durch die Weltgeschichte reiste und nachts noch an seiner Theaterkarriere bastelte. Sie stellten mir ein Ultimatum. Entweder ich besorgte mir einen anständigen Job oder ich flog raus. Die Entscheidung war leicht. Und so verbrachte ich die nächsten drei Monate auf der Straße. Ich war besessen von dem Gedanken, Künstler zu sein, und niemals hätte ich es ausgehalten, bis an mein Lebensende in irgendeiner Fabrik am Fließband zu stehen oder für einen Arbeitgeber Aufträge zu erfüllen. Und deshalb gab es für mich auch keine andere Alternative.

Obdachlos

Anfangs kam ich noch bei Freunden unter und konnte wenigstens im Warmen schlafen. Später blieb mir nichts anderes übrig, als im Freien zu übernachten oder zu versuchen, einen Schlafplatz in einem Obdachlosenheim zu ergattern.

Da es damals Winter war und ich wenige wetterfeste Klamotten besaß, stellte ich mich tagsüber auf die Gitter der Eingänge vor Kaufhäusern und ließ die warme Luft so

lange an mir entlangströmen, bis ich einigermaßen aufge-
heizt war und die nächsten Stunden überstehen konnte.
Ich überlebte auch diese Phase, weil ich sie für einen
Übergang hielt und sie als Prüfung meiner Ausdauer
betrachtete, obwohl es eine gefühlte Ewigkeit dauerte,
bis die Bemühungen meiner Arbeit erste Früchte trugen
und ich Einladungen von Veranstaltern erhielt.

Trotz der Freude über diese ersten Erfolge blieb das
Problem, wie ich die Anreise finanzieren und wie ich vor
allem gleichzeitig auf das Konservatorium gehen sollte,
während ich durch die Republik düste, um mit meinem
Einpersonenstück aufzutreten.

Ich steckte in einem Dilemma und ich beschloss, das
Konservatorium zu verlassen, um zunächst genug Geld
zu verdienen, und es dann noch einmal auf einer deutschen Hochschule zu versuchen. Und so sprang ich
erneut ins kalte Wasser, meldete mich schweren Her-
zens vom Konservatorium ab und beschloss, mit meinem Monolog auf Tour zu gehen. Ich hatte zwar erst
drei Einladungen, aber ich ging davon aus, dass es
schnell mehr werden würden, und machte mich voller
Hoffnung auf den Weg nach Lübeck, wo mein erster
Auftritt stattfinden sollte.

Dort angekommen sollte ich die nächste Enttäuschung
erfahren, denn es gab weder einen Spielort noch gab es
einen richtigen Veranstalter, sondern nur einen privaten
Verein, der sich zur Belustigung einen Unterhaltungs-
künstler eingeladen hatte. Und abgesehen davon, dass
man mir weder Fahrt noch Honorar zahlen wollte, sollte
ich auch noch meine Unterkunft selbst organisieren.

Ich hatte in meiner Verblendung und Naivität alles ausgeklammert, was mir hätte verdächtig vorkommen können, und war reingelegt worden. Ich hätte an die Decke gehen können vor Wut. Nach einem kurzen, aber heftigen Streit mit dem Gastgeber machte ich mich immer noch wütend und enttäuscht auf den Heimweg. Ich hatte unterwegs sehr viel Zeit, über mich und mein Leben nachzudenken, denn ich musste aufgrund Geldmangels trampen.

Ich sagte mir, dass mich weder ein leerer Saal noch ein hinterhältiger Gastgeber daran hindern würden, meinen Weg weiterzugehen. So wie es mir durch Hartnäckigkeit und Ausdauer gelungen war, die schwere Zeit im Kinderheim zu überstehen, so wollte ich mich auch von den sonstigen Widrigkeiten, die sich mir in den Weg stellten, nicht von meinem Ziel abbringen lassen, ein erfolgreicher Künstler zu werden.

Seitdem sind viele Jahre vergangen und ich habe inzwischen viele meiner Träume verwirklichen können. Dennoch spüre ich auch heute noch, wenn ich auf die Bühne gehe und viele Tausend Menschen vor mir sitzen, den Stolz in mir, erreicht zu haben, was ich mir vorgenommen hatte.

Ich habe bis zum heutigen Tage nicht vergessen, wie hart ich dafür kämpfen musste, und ich bin dankbar dafür, dass mir das Schicksal die Möglichkeit gegeben hat, zu beweisen, wozu ich fähig bin.

Vor allem aber hat sich aus diesen Erfahrungen ein Bewusstsein entwickelt, das auch meine heutige Haltung bestimmt: sich nicht abbringen zu lassen von seinen Zielen, so lange daran zu glauben, bis man sie erreicht hat, und vor allem, sich nicht unterzuordnen und auszuliefern, egal, wem, und egal, weshalb.

Sicher spielen all diese Ereignisse auch bei der Auswahl meiner Themen heute noch eine Rolle. In jedem Fall beeinflusst dies alles meine Meinung darüber, ob es besser ist, Dinge zu verbieten oder sie zu erlauben.

Die Lesereise mit »Mein Kampf«
Rückblick in das Tour-Tagebuch

Von 1996 bis 2001 habe ich in insgesamt 1428 Vorstellungen im In- und Ausland öffentlich Ausschnitte aus Adolf Hitlers »Mein Kampf« gelesen. Die Idee zu diesem Projekt kam mir, nachdem ein Zuschauer mir die Aufnahme einer Lesung aus »Mein Kampf« von Helmut Qualtinger vorgespielt hatte. Ich wollte zudem nach den rechtsradikalen Anschlägen in Solingen und Mölln ein Programm entwickeln, in dem ich mich in künstlerischer Art und Weise mit den Ursachen und Folgen des Rechtsradikalismus auseinandersetzte. Die Erlebnisse meiner Lesereise habe ich in einem Tourneetagebuch zusammengefasst, das unter dem Titel »Auf Lesereise mit Adolf« erschienen ist. Auszüge aus der Urfassung gebe ich im Folgenden in kursiver Schrift wieder. Diese Texte zeigen aus erster Hand, was dieses Programm mit dem Publikum, aber auch mit mir als Künstler und Mensch gemacht hat.

Was mache ich eigentlich in der Vorstellung am Abend? Ich lese Ausschnitte aus beiden Bänden von »Mein Kampf«. Es beginnt mit dem ersten Band »Eine Abrechnung«, geht dann weiter mit den Abschnitten »Der Arier als Kulturbegründer«, »Wiener Lehr- und Leidensjahre«, »Judenfrage«, »Volk und

33

Rasse« *und endet bei Hitlers Eintritt in die Deutsche Arbei-*
terpartei – dem Beginn seiner parteipolitischen Karriere und
damit dem Anfang vom Ende.

»Mein Kampf« erschien in zwei Teilen. Hitler stellt in dem
Buch seinen Werdegang zum Politiker und seine Weltanschauung dar. Daneben ist »Mein Kampf« in der Hauptsache
eine Kampf- und Propagandaschrift für den Neuaufbau der
NSDAP als zentral gelenkte Partei unter Hitlers Führung
und diente als Abrechnung mit den Verantwortlichen eines
gescheiterten Putschversuchs, den Hitler im November
1923 als Vorsitzender der DAP, dem Vorgänger der späteren NSDAP, angezettelt hatte. Der erste Band entstand in
Hitlers Haftzeit 1924 und wurde erstmals am 18.07.1925,
der zweite am 11.12.1926 veröffentlicht.

Ich versuche, einen Überblick über den Aufbau von »Mein
Kampf« *zu geben, soweit das möglich ist, und erzähle zwischen*
den einzelnen Kapiteln einleitend von meinen Erfahrungen auf
den bisherigen Stationen meiner Reise. Ich lese mit typisch öster-
reichischem Akzent, der sich im Verlaufe des Abends mehr und
mehr verflüchtigt. Und das bewusst. Denn auch Hitler hat seine
Sprache in seiner zwölfjährigen Schreckenszeit immer wieder
überarbeitet. Sein künstlerisches Wesen scheint ihm in all den
Jahren erhalten geblieben zu sein. Es gibt sogar einen Bildband,
der Hitlers selbstdarstellerisches Talent eindrucksvoll belegt. (…)
Diese Fotos von Hitlers Leibfotografen Heinrich Hoffmann wur-
den lange Jahre von der Nazipropaganda verboten, weil man sie
vielleicht für zu menschlich hielt.

Heinrich Hoffmann (1885-1957) war ein überzeugter Natio-
nalsozialist und Hitlers persönlicher Porträtist. Er fungierte als
wichtigster fotografischer Propagandist der NSDAP und seine
Fotos prägten das Bild Hitlers als »Führer«. (...)
Wenn man sich im Rahmen dieser Rollenstudien mit Hitler
beschäftigt, fallen einem die komischsten Sachen auf. Hitlers
Gesicht beispielsweise. Ein Gesicht, das beinah weiche Züge
hat. Hilflos. Auf den ersten Blick wirkt er sogar wie ein netter
Mensch. Es gibt Bilder, besonders aus den 1940er Jahren, auf
denen er angesichts der durch das Attentat vom 20. Juli 1944
verstärkten Parkinson'schen Syndrome schon fast wie ein gebro-
chener alter Mann wirkt. Dann gibt es wieder Bilder, auf denen
er unglaublich schmierig und unausgeschlafen aussieht. (...)
Wenn ich hier (...) von meinen intimen Erlebnissen mit Adolf
Hitler erzähle, so heißt das nicht, dass ich ihn deswegen beneide
oder vielleicht sogar bewundere. Aber dass ich ihn verstehen
muss, um aus seinem Mund zu sprechen oder aus seinem Kopf
zu denken, ist eine Seite meines Berufes.
Ich spiele viele Stücke, und ich möchte mich nicht für die Taten
meiner Rollen rechtfertigen müssen. Ob das nun ein Kindermör-
der oder ein Nazi ist. Der Schauspieler schlüpft in diese Hülle
und erweckt sie zum Leben. (...)
Natürlich bin ich mittlerweile auch dazu in der Lage, ganze Pas-
sagen aus »Mein Kampf« auswendig zu sprechen. (...) Und es
gelingt mir dabei vor allem eines: Diejenigen, die Hitler kann-
ten, erkennen ihn wieder, und diejenigen, die ihn nicht kannten,
glauben nicht, dass er so übertrieben war.

Neben zahlreichen Vorstellungen vor Schülern und Stu-
denten habe ich auch immer wieder in Gedenkstätten

und ehemaligen Konzentrationslagern gelesen. Über die Erfahrungen meiner ersten Lesung in der Gedenkstätte des KZ Oranienburg und die Begegnung mit ehemaligen Insassen schrieb ich:

12.09.1996 – Oranienburg und Sachsenhausen

Einige Wochen nach der Premiere erhalte ich eine Einladung aus Oranienburg. Jeder wird sich denken können, dass mir bei diesem Vorschlag zunächst der Atem wegblieb – in der Nähe eines ehemaligen KZs »Mein Kampf« zu lesen, die Leute zum Lachen zu bringen, wo sie allein durch den geschichtlichen Kontext an alles andere, nur nicht an so etwas denken mögen. (…)

Mit jeder Aufführung und jedem Tag, den ich auf Tournee bin, gerate ich zunehmend in Zusammenhänge, die ich mir vorher so nicht vorstellen konnte.

Die anfängliche Naivität im Umgang mit Hitler, seiner Geschichte und insbesondere mit »Mein Kampf« droht plötzlich einer großen Versagensangst zu weichen. Wer würde beispielsweise in einer Veranstaltung in Oranienburg alles im Publikum sitzen? Wissenschaftler? Historiker? Politiker? Ehemalige Häftlinge? (…)

Oranienburg liegt in der Nähe von Berlin. Von Hannover kommend, fährt man auf der A2 in Richtung Berliner Ring, dann weiter in nördliche Richtung und verlässt dann den Ring, um über einige Kilometer Landstraße weiter nach Oranienburg zu gelangen.

Für die Nazis war Oranienburg eine wichtige Stadt. Hier lag das Schaltzentrum des gesamten Organisations- und Vernichtungsapparats.

Heute ist die Stadt, aufgrund der Vernachlässigung durch die sozialistische Staatsführung, ähnlich grau wie viele andere Städte in der ehemaligen DDR auch. Lediglich die Umgebung des etwa ein Kilometer außerhalb der Innenstadt liegenden Lagers in Sachsenhausen wird im Eiltempo auf Vordermann gebracht, sodass wenigstens die Gedenkstättentouristen auf ihrer Durchreise eine erträgliche Zeit verbringen. (…)

Aber meine Angst vor der Begegnung mit scheinbar gefährlichen Zuschauern ist geringer als die Neugier auf das Gespräch mit den Zuschauern, die in unmittelbarer Nähe Sachsenhausens eine vielleicht neue Sicht auf die Dinge bringen können. (…)

In »Mein Kampf« steht jedes Wort in einem Kontext. Jeder Satz kann eine tiefere Bedeutung entwickeln, auch wenn die Sätze manchmal so schwachsinnig sind, dass man ihnen nicht zutrauen möchte, mit Sendungsbewusstsein verfasst worden zu sein. (…)

Unabhängig von der Bedeutung der Lesung an sich, eröffnet sich mir eine weitere Dimension: In Sachsenhausen wird mir zum ersten Mal bewusst, was »Mein Kampf« als wirres Pamphlet in seiner Auswirkung auf die Massen anrichten konnte. (…)

In das Lager hinein geht man vorbei an Bäumen und mit Sand aufgeschütteten Wegen durch ein riesiges Tor. Man befindet sich dann auf einem mehrere Fußballfelder großen, unüberschaubaren Gelände. Am Tage unseres Besuches, den ich auf Einladung der Gedenkstätte abstatten durfte, scheint paradoxerweise – ich fühle mich eher wie ein lang andauernder Monsun – die Sonne. Die Vögel zwitschern, die Natur scheint sich über die wärmenden Strahlen des Leben spendenden Sterns zu freuen, während ich mir vorzustellen versuche, wie es hier vor mehr als 50 Jahren ausgesehen haben mag,

welche Geräusche die KZ-Häftlinge an ähnlichen Tagen wahr-
genommen haben, welche Gerüche und Gesichter es hier gab.

Plötzlich habe ich das alles vor Augen, und gerade die Wider-
sprüchlichkeit des Erlebens ermöglicht mir eine wirkliche Vor-
stellung des Gewesenen.

Die Bilder sind nicht schwarzweiß, der Kommentar ist nicht
zu hören, nichts ist illustriert mit suggestiver Musik, es findet
keine redundante Ästhetisierung des Grauens statt, das KZ wird
plötzlich zur ungeschminkten Realität.

Aber jeder Satz, den man sagt, jedes Wort, das man in die-
sem beeindruckt-bedrückten Zustand von sich gibt, kann nicht
beschreiben, was man wirklich fühlt. Jede Phrase wurde schon
tausendmal gesagt, und jedes Gefühl schon millionenmal erlebt.

Gilt es aber nicht dennoch, seinen persönlichen Zugang zu die-
ser Katastrophe zu finden? Erreicht nicht das Erleben eine voll-
kommen neue Qualität, (...) weil man (...) am eigenen Körper
erfahren kann, wie allein die Erkenntnis wirkt, dass Menschen
andere systematisch vernichtet haben? (...)

Sachsenhausen wirklich zu erleben war ein erschreckendes
Erlebnis, eine Erfahrung, die mir die Bedeutung der am Abend
anstehenden Lesung noch einmal deutlich machte. (...)

Der Abend selbst verläuft ziemlich »normal«, das heißt, die
Leute sind aufmerksam, sie lachen, sie schmunzeln, sie schütteln
die Köpfe und schauen auf den Boden, sehen ihren Nachbarn an,
und hin und wieder herrscht eisiges Schweigen.

Unter den Zuschauern erkenne ich diesmal mehr ältere Men-
schen. Ob es sich bei ihnen um ehemalige Häftlinge handelt?

Nach der Vorstellung sprechen mich einige dieser Zuschauer an
und erzählen mir tatsächlich, dass sie Sachsenhausen als Häft-
ling erleben mussten, einer zeigt mir seine Tätowierung. (...)

Die Meinungen sind durchweg positiv: Diese Menschen mochten die Lesung.

Eine jüdische Zuschauerin – sie ist ungefähr 70 Jahre alt – sagt, es sei ihr lieber, wenn sie mit Deutschen in einem Raum sitzen und gemeinsam über Adolf Hitler lachen könne, als sich umgeben zu fühlen von einer schweigenden Masse, von der sie nicht wisse, ob sie aus Ehrfurcht oder Beschämung oder sogar Begeisterung schweige. (…)

Viele Menschen in Israel würden auch heute noch nicht dem staatlich verordneten Schuldbekenntnis der Deutschen trauen und seien daher sehr dankbar, dass man überhaupt Stellung beziehe. Das sei schließlich das größte Problem, dass auch heute noch so viele Menschen durch ihre Berührungsangst zeigen würden, wie sehr sie wegen ihrer historischen Vorbelastung in Bewegungslosigkeit erstarrt seien. (…)

Das ist der Beginn eines Lernprozesses, der mir mehr denn je bewusst macht, dass der entscheidende Maßstab bei der Rezeption meiner Lesung die Opfer und nicht die Täter sein müssen.

Immer wieder kam es während der Lesereise auch zu Drohungen gegen mich. Ich stand deshalb während der längsten Zeit der Reise unter Polizeischutz.

Am Ende der Lesereise

Am 30. Januar 2001 habe ich zum ersten und hoffentlich auch letzten Mal in meinem Leben mit kugelsicherer Weste gelesen. Nachdem im ausverkauften Potsdamer Theater eine Morddrohung gegen mich und die insgesamt 700 anwesenden Zuschauer, »die das Ansehen des größten deutschen Kanzlers« in den

Schmutz ziehen wollten, eingegangen war, musste man davon ausgehen, dass es ratsam wäre, mich zu schützen und zu diesem Zweck in eine kugelsichere Weste zu stecken.

Abgesehen davon, dass es nahezu unmöglich ist, in einer derartigen Montur zu lesen, war es auch ein seltsames Gefühl, zu wissen, dass meine Erlebnisse mittlerweile Formen annahmen, die man in den kühnsten Träumen nicht erahnen konnte. (...) Ich überlebte diese Vorstellung. Seitdem aber hat sich vieles geändert. Die Republik hat ihr Faible für einen Aktionismus gegen rechts entdeckt. Es wurden Demonstrationen organisiert, es wurde gegen rechts gehustet, gestolpert und gesungen, es wurden Helden erkoren, Schlachten verloren, Feinde erkannt und Freunde verbannt, es wurde mit dem Finger auf andere gezeigt, die angeblich schlechter machen, was man sich selbst nicht traut. Es wurden hastig Aufsätze geschrieben, statt genauer hinzuhören; Meinungen per se hinterfragt, statt selbst eine zu haben; es wurde Ja und Amen gesagt, wenn man nicht gefragt wurde, und selten Nein gesagt, wenn es mehr bedeutet hätte als eine trotzige Reaktion auf die eigene Unzulänglichkeit. Rechte Parteien sollten verboten werden, rechte Ideologen entschärft und Ideen entblößt sein. (...) So glich die vorläufig letzte Vorstellung meiner Lesung am 26.11.2001 im restlos ausverkauften Dresdner Staatstheater auch mehr einer Begegnung unter Freunden, beinahe einem Kongress der »aufständischen Anständigen«, deren Fetisch vornehmlich ein Austausch wohlfeiler Argumente für die Erschaffung einer imaginären Welt voller Gutmenschen war, denn einer Fortführung meines Anspruches, nicht nur meine eigenen Zweifel zu kennen, sondern auch die der anderen zu erforschen.

Eigentlich konnte ich zufrieden sein. In Wirklichkeit war es höchste Zeit für ein neues Programm.

Nach Abschluss der Lesereise ging meine Beschäftigung mit dem Nationalsozialismus, der Anfälligkeit des Menschen für Diktaturen und der Existenz etablierter faschistischer Strukturen in unserer unmittelbaren Umgebung weiter und ich versuchte, in meinen neuen Programmen Aspekte meiner Erlebnisse einzubauen.

Die Jahre nach
»Mein Kampf«

Sportpalastrede 2001–2003

Schon bald nach Abschluss der Lesereise mit »Mein Kampf« wurde mir klar, dass es eine Fortsetzung des Projekts nur mit einem anderen Text geben konnte.

Der große Zuspruch der Zuschauer und die überwiegend positive Resonanz der Presse hatten zwar dafür gesorgt, dass ich, anders als zu Beginn der Lesereise, vor vollen Häusern spielen konnte, auf der anderen Seite aber waren den Zuschauern die Inhalte der Lesung so bekannt, dass die ganze Sache drohte, zu einem Spektakel zu werden, bei dem es weniger um eine ernsthafte Auseinandersetzung ging als um einen Selbstversuch in Sachen »Wie weit kann man als türkischer Schauspieler in Deutschland gehen«.

Es hat seine Zeit gebraucht, bis mir der Gedanke kam, den nächsten Text zwar wieder dem Repertoire der Nazis zu entnehmen, diesmal aber darauf zu achten, dass es sich um keinen verbotenen Text handelt. Zu oft war mir als Argument für den Erfolg der ersten Lesung nämlich vorgeworfen worden, ich würde Profit aus meiner Sonderrolle als Ausländer schlagen und nur deshalb die Möglichkeit haben, derart ungehemmt über diese heikle Thematik zu sprechen. Ein Deutscher, so wurde gemutmaßt, hätte sich mit einem ähnlichen Projekt dem Verdacht ausgesetzt, ein Nazi zu sein, und sich damit in eine gesetzliche Grauzone begeben. Dies war natürlich auch der Versuch, die Ver-

antwortung der inhaltlichen Beschäftigung mit den Formulierungen der Täter gegen eine machtlose Opferrolle
einzutauschen, nach dem Motto: »Der Ausländer darf, ich
armer Deutscher nicht.«

Dennoch wollte ich den Vorwurf ernst nehmen und begab
mich auf die Suche nach einem neuen Text, der ähnlich
brisant, legal erhältlich und trotzdem gänzlich unbekannt
sein sollte. So war es kein weiter Weg zu meinem nächsten
Projekt, der Lesung aus der Sportpalastrede von Propagan-
daminister Joseph Goebbels vom 18. Februar 1943, deren
bekanntestes Zitat, »Wollt ihr den totalen Krieg?«, das Einzige ist, was die meisten davon kennen.

Auch bei diesem Text handelt es sich um ein Paradebeispiel nationalsozialistischer Demagogie, diesmal aus einer
ganz anderen Periode der zwölfjährigen Naziherrschaft,
aber dennoch ähnlich verräterisch und relevant wie »Mein
Kampf«.

Während »Mein Kampf«, fast 20 Jahre zuvor geschrieben,
noch voller Holprigkeiten und strukturloser Aneinanderrei-
hungen wahllos zusammengestellter Ausschnitte aus auto-
biografischen und pseudoweltanschaulichen Episoden ist,
handelt es sich bei der Sportpalastrede, die Goebbels anläss-
lich des katastrophalen Zusammenbruchs der 6. Armee vor
Stalingrad im Russlandfeldzug hielt, um eine rhetorisch aus-
gefeilte Rede, bei der auf eindrucksvolle Weise anschaulich
wird, wie geschickt die nationalsozialistische Führung selbst
zu dieser späten Phase des bereits verlorenen Krieges versuchte, seinem Volk die Notwendigkeit des bedingungslosen
Glaubens an die Führung durch absurde Durchhalteparo-
len zu vermitteln.

Erstaunlich bei der neuerlichen Beschäftigung mit einem Zeitdokument der Nazis war, dass in diesem Fall, trotz der Tatsache, dass dieser Text überall auf der Welt legal erhältlich ist, kein Interesse an seinen Inhalten bestand, sondern er lediglich einen mythischen Ruf hatte und unter einem Großteil der deutschen Bevölkerung auch heute noch als Meisterwerk der geschliffenen Redekunst zu gelten scheint.

Ironie oder Homophobie?
Propaganda hat immer auch etwas damit zu tun, dass derjenige, der seine Meldung an den Mann bringen will, weiß, dass sein Rezipient genau zu diesem Zeitpunkt auch diese Meldung hören will. Und so erreicht uns auch die Propaganda heutiger Tage immer noch dadurch, dass wir uns selbst nur selten darum bemühen, zu erfahren, was richtig und falsch ist. Wir sind so auf Empfang eingestellt, dass ein einfacher und bestätigender Sendeimpuls unserer diffusen Ahnung zur richtigen Zeit ausreicht, um in uns eine Illusion von Wahrheit zu erzeugen. Nicht umsonst bleibt es unerklärlich, warum auch heute noch unbestätigte Meldungen zur Wahrheit werden und manche schon längst aufgeklärte Presseente auch noch Jahre danach als erwiesener Fakt durch das Netz kursieren kann.
Ob es die unbestimmte Angst vor Epidemien ist, Meldungen über einen bevorstehenden Klimawandel oder das Auf und Ab der Stimmungen an der Börse, selten macht man sich ein Bild von der Wirklichkeit, oft glaubt man an die Fiktion. Dabei werden Nachrichten in der Regel von

Agenturen in die Welt gesetzt und ihre selektive Zusammensetzung richtet sich danach, wie gut sie sich verkaufen. Je nachdem, was man damit transportieren will und wie die Interessenlage ist, lässt sich so jede Nachricht zu jeder Zeit als relevant verbreiten.

So wurde beispielsweise auch ich Opfer einer solchen Aktion, als der von mir geschätzte Blogger und Medienkritiker Stefan Niggemeier in einer Kolumne nach meiner Teilnahme bei einer Fernsehsendung behauptete, ich sei erwiesen homophob. Anlass für diese Anschuldigung war ein Ausschnitt aus einer TV-Sendung, in der ich deutlich erkennbar in satirischer Form dem damaligen Außenminister Guido Westerwelle vorwarf, seine Politik sei nicht dilettantisch, sondern dilettuntig.

Wie zu erwarten sorgte das Ganze für einen verhältnismäßig großen Shitstorm, bei dem sich der Autor jedoch auch immer wieder für seine ungeprüfte These rechtfertigen musste, denn nicht wenige Leser wiesen darauf hin, dass ich bereits seit Jahren als Kabarettist arbeitete und dafür bekannt sei, kontroverse Themen auf die Spitze zu treiben und in ironischer Form zu kolportieren.

Niggemeier insistierte und berief sich dabei darauf, dass ich meine Darstellung nicht in einen eindeutig satirischen Kontext gestellt und demzufolge als Privatperson gesprochen hätte, während einige Diskutanten berechtigterweise anmerkten, dass man dann auch jede Kabarettvorstellung mit einem Warnhinweis versehen müsse.

Die Diskussion wurde mittlerweile in ähnlichen anderen Foren weitergeführt und gewann so sehr an Eigendynamik, dass niemand mehr die Ursache für den plötzlichen

Angriff des Kritikers hinterfragte. In derselben Sendung war ich nämlich mit einem Freund und Kollegen des Schreibers, dem Internetblogger Sascha Lobo, aneinandergeraten, der, offensichtlich unfähig dazu, meine Aussagen als Satire einzuordnen, sich heftig über sie erregte und dadurch zum Gespött des anwesenden Studiopublikums wurde. Es handelte sich also um nichts anderes als um die delegierte Rache eines gekränkten Selbstdarstellers. Im Grunde genommen eine Lappalie, die man leicht hätte aufklären können.

Im Verlauf der daraus entstandenen Ketten von Kommentaren festigte sich der Vorwurf der Homophobie so sehr, dass ich auch Jahre danach noch in Interviews mit der Frage konfrontiert wurde, ob ich wirklich etwas gegen Homosexuelle habe und warum dies so sei, obwohl ich zwischenzeitlich mehrfach dazu Stellung genommen hatte und selbst der ungeneigte Betrachter meiner Arbeit aus der Vielzahl des vorhandenen und öffentlich zugänglichen Materials hätte ersehen können, dass ich in einer Rolle gesprochen hatte und die Aussage nur ironisch hatte gemeint sein können. Zumal ich mich in der gleichen Sendung auch für einen Ausbau der Atomenergie und für eine generelle Kopftuchpflicht für Frauen ausgesprochen hatte. Seltsam, oder?

Man hätte darüber diskutieren können, ob die von mir gespielte Rolle funktioniert hat und ob es förderlich gewesen wäre, die Ironie zu erklären. Stattdessen war die Behauptung Niggemeiers zur Wahrheit und ihre Verbreitung im Copy-and-paste-Zeitalter zum selbstverständlichen Reflex geworden.

Das Interesse der Leser, meine angebliche Schwulen- und Lesbenfeindlichkeit bestätigt zu sehen, war größer als die Geduld, sich mit den Umständen der Entstehung dieser Behauptung auseinanderzusetzen.

Zu behaupten, dass ein Kabarettist homophob sein könnte, war sowohl ungewöhnlich als auch sensationsträchtig. Es schien in diesem Zusammenhang jedenfalls plausibel. Das Bild wurde zu einer Einheit und die Entlarvung einer latenten Ahnung zu einer obsessiven Angelegenheit, an deren Ende die kollektive Selbstbestätigung stand.

Niggemeier ging in seiner Anklage sogar so weit, dass er mir eine Nähe zur NPD unterstellte, obwohl gerade das für jeden, der meinen Werdegang verfolgt, am abwegigsten erscheinen musste. Nachdem ich jahrelang unter Polizeischutz vor den Bedrohungen der Nazis unterwegs gewesen war, wurde ich nun von einem Linksintellektuellen als Nazi verleumdet. Damit hatte Niggemeier bewusst den Bock zum Gärtner gemacht und ein Paradebeispiel dafür geliefert, wie Propaganda funktioniert.

Mich erinnerte das Ganze ein wenig an die Auseinandersetzung zwischen Jürgen W. Möllemann und Michel Friedmann, in der Möllemann Friedmann mehr oder weniger indirekt unterstellte, dass er selbst dafür verantwortlich sei, dass es Antisemitismus gebe, und damit Ursache und Wirkung umkehrte.

»Ich fürchte, dass kaum jemand den Antisemiten, die es in Deutschland gibt, leider, die wir bekämpfen müssen, mehr Zulauf verschafft hat

als Herr Scharon und in Deutschland ein Herr
Friedmann mit seiner intoleranten und gehässi-
gen Art.«

(Jürgen W. Möllemann, »Heute Journal«, 16.05.2002)

Flüchtlinge

In der aktuellen Frage um den Massenexodus aus Afrika
und die humanitären Katastrophen im Mittelmeer zeigt sich
ebenfalls beispielhaft, wie wenig wir immer noch in der Lage
sind, zwischen Wahrheit und Fiktion zu unterscheiden. Die
Gründe für die massenhafte Auswanderung der Menschen
bleiben den meisten Menschen verschlossen. Stattdessen
werden die Auswirkungen immer spürbarer. Flüchtlinge
werden in unmittelbarer Nähe zu unseren Wohngebieten
einquartiert und leben in nächster Umgebung zu einem
Wohlstand, den sie bisher vielleicht nur aus dem Internet
kannten.

Während wir uns darüber keine Gedanken machen, weshalb wir auf der einen Seite von den Ressourcen der Her-
kunftsländer der Flüchtlinge profitieren, ihre Arbeitskraft
billig nutzen, und wir aber auf der anderen Seite zwischen
Wirtschaftsflüchtlingen und Sozialschmarotzern unterscheiden, die es auf unseren Wohlstand abgesehen haben.

Wir haben nicht unser Denken verändert, sondern nur eine
weitere Facette der Ignoranz hinzugefügt. Jetzt unterscheiden wir zwischen schlechten und guten Ausländern. Die
einen flüchten vor Krieg und Not und sind deshalb willkom-
men, die anderen wandern in unsere Sozialsysteme ein und
müssen abgewiesen werden. »Willkommenskultur«?

Das polemische Standardvokabular der Politik ist dabei oft ähnlich wie das der Nazis. Von »Schmarotzern« zu sprechen und dabei Bedürftige zu meinen, ist menschenverachtend und faschistisch, es ist der Ausdruck einer herablassenden Haltung einer sich für besser haltenden Kaste von Elitären. Diese parasitäre Haltung unserer Wohlstandsgesellschaft, gepaart mit einem immer stärker werdenden Bedürfnis nach Ablenkung, permanenter Verfügbarkeit und individueller Freiheit, ist die Grundlage für jedes totalitäre System. Jedes totalitäre System ist in seinen Grundzügen wiederum faschistisch veranlagt. Faschismus bedeutet in diesem Kontext das Ignorieren des anderen und die ideologische Überhebung des eigenen Ichs vor dem Gemeinwohl.

Genau an dieser Empathiefähigkeit fehlt es uns und genau an dieser empfindlichen Stelle werden wir heute gepackt und in einen Strudel aus Angst um das persönliche Wohlergehen und der Sehnsucht danach, verschont zu bleiben, gezogen.

Anfälligkeiten

Gleichzeitig bedient sich die Politik des erprobten Mittels der Gleichschaltung durch den Anreiz des Profits. Gerade das Internet demonstriert auf anschauliche Weise, wie sehr wir uns den Fängen der Datenkrake ausliefern, weil wir auf der Suche nach dem billigsten Flugticket, dem bestbewerteten Hotel und dem schönsten Paar Schuhe wichtige Informationen über uns und unser Verhalten preisgeben. Die dadurch entstehende Berechenbarkeit unserer Gedanken führt andererseits zu einer latenten Paranoia, in der wir uns ständig beobachtet und bewacht fühlen. Logischerweise reagieren wir auf diesen selbst verschuldeten Verfolgungswahn mit übertriebener Vorsicht. Wir verkleben die Kamera unseres Rechners, wir weigern uns, durch den Nacktscanner am Flughafen zu gehen, und wir verwischen möglichst jede Spur, die wir im Internet hinterlassen haben. Obwohl wir mit jedem Beitritt zu sozialen Netzwerken sämtliche Rechte an Bild und Inhalt an die Betreiber der Portale abgetreten haben, bilden wir uns immer noch ein, durch den Klick auf die Löschtaste aufräumen zu können, und gehen jedes Mal von Neuem in die Falle, wenn unser übertriebenes Mitteilungsbedürfnis uns dazu zwingt, unsere Urlaubsfotos im Netz zu veröffentlichen.

Als wären es nur die Urlaubsbilder, die wir zu löschen bräuchten, längst kennt die virtuelle Welt unsere sexuellen Vorlieben, unseren Kleidungsgeschmack, unser Lieblingsgericht, unsere Herkunft oder unsere Schulkameraden, sie weiß, wann wir ins Museum oder ins Kino gehen, welches Buch wir gerade lesen, auf welchem Platz wir am liebsten im Zug sitzen oder mit wem wir gerne auf einer einsamen Insel wären.

Diese Fremdbestimmung und Manipulation im Internet ist besonders gefährlich. Denn sie findet im Verborgenen statt und ist doch öffentlich. So wie jedes totalitäre Regime auf die Einschüchterung des Einzelnen durch die Spaltung des Kollektivs setzt, so entsteht durch das Internet eine neue Form von Isolation des Individuums. Es bereichert uns einerseits mit Möglichkeiten, aber es macht uns auch anfällig für Irrtümer. Wir können uns zwar auf vorgegebenen Ebenen austauschen, aber wir haben keinen Nachweis darüber, ob das, was wir sehen, echt ist.

In der gleichgeschalteten Dynamik des Shitstorms zum Beispiel entsteht so eine scheinbare Bewegung. Unser Server und die Geschwindigkeit der uns zur Verfügung gestellten Datenverbindung entscheiden vor allem mit darüber, ob und wo wir mit unserer Meinung landen. Sind wir offline, so ist es uns unmöglich, uns im Kollektiv zu organisieren.

Nutznießer unseres Verhaltens sind Kräfte, die wir nicht sehen. Ob es sich um Regierungen, die Börse oder Nachrichtendienste handelt, jeder Zusammenschluss des Einzelnen zu einer Gruppe bedeutet immer Gefahr für deren Bestehen. Deshalb ist es für sie wichtig, uns in ein Ungleichgewicht aus scheinbarer Teilnahme und Ahnungslosigkeit zu versetzen. Und so haben sich diese Kräfte, die uns regieren, ins Diffuse verlagert und keiner von uns weiß, wie er sich diesem Einfluss entziehen kann, ohne weltfremd zu werden oder sich vollständig ins Abseits zu stellen.

Gleichzeitig hat sich die Geschwindigkeit der Einflüsse verändert. Durch die gewachsene Zahl an Informationskanälen erreichen uns die Nachrichten heute schneller als je zuvor. Durch die ständige Verbindung zum Netz sind wir permanent erreichbar und auch empfänglich für diese Nachrichten. Kollektive Prozesse, die wiederum gelenkt jeder Diktatur nützlich sein können, werden initiiert und lanciert.

Der Ursprung dieser Idee von Manipulation durch den Anreiz des kollektiven Erlebens unter Vortäuschung der Einzigartigkeit des Empfängers liegt eindeutig in den Ideen des Propagandaministers Joseph Goebbels. Die Vision eines Volksempfängers, der sowohl für Unterhaltung sorgt und angibt, unterhaltsame Auswahl zu bieten, der aber auch zum entscheidenden Zeitpunkt zur zentralen Quelle der Verkündungen wird, ist die Vision einer totalitären Diktatur von der ständigen Überwachung ihres Volkes und der kontrollierten Einflussnahme auf die Gedanken des Einzelnen.

Hitler Kebab 2003–2005

Nachdem ich in der Phase der Auseinandersetzung mit verschiedenen historischen nationalsozialistischen Texten immer mehr auch Parallelen zu Erlebnissen und Fragestellungen der Gegenwart erkannte, begann ich darüber nachzudenken, wie man diese beiden Komplexe noch enger zusammenbringen könnte, und auch darüber, wie ich dabei mit dem neuerlichen Vorwurf umgehen könnte, meine Herkunft dafür zu benutzen, mich über Befindlichkeiten hinwegzusetzen.

Es war naheliegend, etwas zu konzipieren, das sich zusammensetzt aus einer kritischen Selbstbetrachtung und dem zusätzlichen Material, das aus den vorhergegangenen Projekten entstanden war. Mit »Hitler Kebab« entstand dabei eines meiner erfolgreichsten Programme.

Zum ersten Mal musste ich mich nicht mehr auf die Grundlage eines vorgegebenen Textes stützen, sondern ich referierte frei auf Basis der vorhandenen Erfahrungen und wob Textausschnitte aus unterschiedlichen Schriften und Reden wie zum Beispiel von Hitler, George Bush und dem Scientologen Ron L. Hubbard in meine Anekdoten und Geschichten ein, sodass für den Zuschauer nicht mehr ersichtlich war, wann ich mich positionierte und wann ich aus einer Rolle heraus sprach.

Dieses zunächst heikel anmutende Szenario ergab in den häufigsten Fällen eine fundamentale Verunsicherung des

55

Publikums. Es musste stets wachsam sein, um herauszufiltern, was ich wirklich ernst meinte und was ich nur sagte, um herauszufinden, wie die Zuschauer darauf reagieren würden.

Zudem kam hinzu, dass das Genre, in dem ich agierte, nicht eindeutig zuzuordnen war. Bei »Mein Kampf« handelte es sich um eine kommentierte Lesung, die in der »Sportpalastrede« zu einer Parodie wurde, »Hitler Kebab« nun war eine undefinierbare Mischung aus Comedy, politischem Vortrag und Kabarett mit Anteilen von Theater und Lesung.

Das Publikum war konsterniert und zugleich angezogen von dieser neuen Herangehensweise, denn durch die Auflösung der traditionellen Bühnenmuster entstand zugleich eine Plattform, auf der die Ansichten des Publikums sichtbarer wurden und genauer betrachtet werden konnten.

Wirkte die Lesung aus »Mein Kampf« stellenweise noch sehr didaktisch und war die Perspektive des Vortragenden immer klar erkennbar, so wurde diese in der »Sportpalastrede« durch einen einfachen dramaturgischen Kniff bereits aufgelöst, indem ich von dem vorgegebenen Text abwich und ihn mit anderen Zitaten und eigenen, frei gesprochenen Anteilen mischte.

Dies wurde bei »Hitler Kebab« zentraler und mein Mut, drastische Positionen einzunehmen, größer, sodass ich im Idealfall nicht ahnen konnte, zu welcher Aussage welche Reaktion des Publikums erfolgen würde und wie ich mich dafür im Zweifelsfall zu verantworten hätte.

Die Themenpalette erstreckte sich nun auf Bereiche, die vorher außer Acht geblieben waren. Plötzlich konnten

sogar Boulevardthemen eine Rolle spielen und es entstanden Verbindungen zwischen der bislang eher trocke-
nen Auseinandersetzung mit der Ideologie der Nazis und
unserer Auffassung von moderner Unterhaltung, wie ich
sie vorher nicht erwartet hätte.

In »Hitler Kebab« wagte ich auch zum ersten Mal den
Schritt, mich auf ein breiteres Publikum einzustellen und
nicht davon auszugehen, dass es sich um eine einheitliche
Masse, sondern eine heterogene Zusammensetzung von
Zuschauern handelt, bei der man nicht berechnen kann,
was sie zu den Dingen denkt, die ich sage.

Schulvorstellungen

Ich hatte in der Endphase der »Mein Kampf«-Lesung
schon zahlreiche Erfahrungen vor Schülern sammeln können und bereits damals war mir aufgefallen, wie reizvoll
der Versuch sein konnte, theaterunerprobtes Publikum mit
einer Mischung aus theatralischem Vortrag und kabaret-
tistischer Ansprache zu konfrontieren. Dabei versuchte ich
mich bewusst dem Sprachgebrauch der Schüler anzunähern,
indem ich zum Beispiel auch Jugendslang und Fäkalspra-
che in meinen Vortrag einbaute. Die meist uninteressierten
Schüler fühlten sich von meiner Ausdrucksweise angespro-
chen und je mehr auch ich mich darauf einließ, desto mehr
öffneten sich die Schüler für eine zweite Ebene, auf der ich
scheinbar weit von ihren Interessen entfernt scheinende
und abgenutzte Themen neu ansprechen konnte. Hitler
war plötzlich Hipster und das Thema Nationalsozialismus
spannender denn je.

Zwar saßen bei »Hitler Kebab« keine Schüler mehr vor mir, doch ich konnte auch bei diesen Zuschauern für ähnliche Reaktionen sorgen, indem ich auch hier auf die Einhaltung gängiger Konventionen verzichtete und die Perspektive meiner Darstellung je nach Bedarf veränderte. Das Ergebnis war, dass auch ich meine Hemmungen mehr und mehr ablegte, mich an Erwartungen halten zu müssen, und immer freier an der Grenze des angeblich guten Geschmacks spielte.

In gewisser Weise handelte es sich bei diesem frühen Experiment meiner Folgearbeiten nach »Mein Kampf« auch um die Reproduktion einer literarischen Figur, die ich Jahre zuvor in Thomas Bernhards »Theatermacher« kennengelernt hatte. Bernhard beschreibt in seinem Werk die Leiden des Tourneeschauspielers Bruscon, der in einem wutentbrannten Monolog über die Tücken des Tourneealltags schimpft, dabei aber gleichzeitig auch einen hasserfüllten Vortrag über die Verdrängungshaltung der österreichischen Nachkriegsgesellschaft hält.

Dabei spricht Bernhard unter dem Deckmantel der Figur Bruscons Drastisches so ungehemmt aus, dass man als Zuschauer niemals weiß, wann man darüber lachen kann und wann man sich davon abgrenzen muss.

Bombendrohungen

Ein weiterer wichtiger Aspekt, der sich in meine Beschäftigung mit der Weiterentwicklung der Hitler-Rolle mischen sollte, waren die Erfahrungen, die ich mit den Mord- und Bombendrohungen während der sechsjährigen Lesereise mit »Mein Kampf« gemacht hatte. Ich hatte es gelernt, vielleicht auf eine härtere Weise als andere Kabarettkollegen, auf der Bühne eine Position einzunehmen, aus der heraus ich sowohl angreifen als auch reagieren konnte.

In der Steigerung versuchte ich, die Zuschauer auf meine Seite zu ziehen, indem ich ihnen scheinbar zusprach, nur um sie im nächsten Moment im Unklaren darüber zu lassen, ob dieses wirklich meine Meinung war.

Die zahlreichen Begegnungen mit Nazis in Ost und West waren sozusagen meine beste Schule für den späteren Umgang mit den aufgeschlossenen Zuschauern, die ich ähnlich irreleiten wollte, um mit ihnen an thematische Bereiche und Emotionen zu kommen, die sie in diesem Zusammenhang nicht auf der Bühne erwartet hätten.

Dabei wirkt es aus heutiger Sicht für manche vielleicht kokett, wenn ich damit prahle, vor Hunderten von Nazis aufgetreten zu sein und sie an der Nase herumgeführt zu haben. In Wirklichkeit blieb mir nichts anderes übrig, sonst wäre ich an meiner eigenen Angst gescheitert und dieses Versagen wollte ich nicht zulassen.

In »Hitler Kebab« entstand also zum ersten Mal ein Hybrid aus Lesung, Vortrag, Irritation und radikaler Positionierung. Das Problem war aber, dass ich immer noch angebunden war an meine Grundaussage und damit immer noch zu didaktisch agierte. Je weiter ich aber diesen Weg ging, desto spannender wurde die Frage danach, was denn wirklich passieren würde, wenn ich mich komplett von der Zuordnung löse und frei darauf lossprechen. Ob ich mich dabei auf eine in mir gereifte Haltung verlassen könnte oder ob in mir vielleicht doch ein verkappter Nazi steckte, der Gefallen daran hat, andere zu beleidigen und sich auf Kosten von Unschuldigen politisch unkorrekte Späße zu erlauben.

Ich brauchte zur Beantwortung dieser Frage vor allem einen anderen und unverfänglicheren Kontext, in dem ich agierte, denn im Theater war es naheliegend, dass ich eine Rolle spiele, anderswo wäre es schwerer zu erkennen gewesen.

So kam es gerade recht, dass mit wachsendem Erfolg der »Mein Kampf«-Lesung, der mittlerweile ausführlich besprochenen »Sportpalastrede« und der Veröffentlichung meines Buches »Getrennte Rechnungen« mehrere Einladungen von großen TV-Shows kamen, in denen ich kurze Stand-ups spielen sollte, möglichst lustig und thematisch nicht allzu heikel.

Erste TV-Shows

Die Chance, die sich dadurch auftat, vor einem komplett ahnungslosen Publikum aufzutreten und auszuprobieren, wie es auf diese Form der Verunsicherung reagieren würde, war großartig und es war keine Frage, dass ich jede Einladung annehmen würde.

Nur eine Sache sollte gewährleistet sein, nämlich, dass ich mich vor der Ausstrahlung und Aufzeichnung keiner redaktionellen Instanz ausliefern musste, die eventuell Einfluss auf meinen Text nehmen und so zur Verfälschung meiner Aussage beitragen könnte. In manchen Fällen reichte ich deshalb sogar provisorisch Texte ein, um erst einmal in die Sendung zu gelangen und dann vor Publikum das genaue Gegenteil zu spielen.

Man wird sich vorstellen können, wie oft ein Künstler solche Harakiri-Aktionen veranstaltet. Ein-, vielleicht zweimal kommt man damit noch durch, spätestens dann allerdings hat es sich in den Redaktionsstuben rumgesprochen und man wird schlicht und ergreifend nicht mehr eingeladen, als unberechenbar und schwierig abgestempelt.

Vielleicht hätte ich mir damals meine Renitenz verkniffen, wenn ich nicht nach all den Jahren meiner »Mein Kampf«-Lesung erlebt hätte, wie wichtig es für mich inzwischen geworden war, meine Auseinandersetzung auf anderer Ebene fortzuführen. Was nützte es, mein Programm vor Theaterzuschauern zu spielen, die wahrscheinlich sowieso meiner Meinung waren? Ich musste versuchen, an diejenigen ranzukommen, die sich nicht freiwillig in meine Aufführung begeben hätten.

Vielleicht war es mir auch zum stillen Auftrag geworden in den ehemaligen Konzentrationslagern, in denen ich aufgetreten bin und wo ich mit zahlreichen ehemaligen Insassen sprechen konnte, die mir versicherten, dass sie überzeugt seien von der Richtigkeit meines Ansatzes, und mir damit eine wichtige Stütze für die Momente der Verzweiflung mit auf den Weg gegeben hatten.

Vielleicht war es aber auch einfach nur meine Wut darüber, wie sich die Mechanismen des Faschismus selbst in scheinbar so weit davon entfernten Bereichen entfalten und gedeihen konnten.

Gab es nicht einen Auftrag zu erfüllen? Die Wahrung der Meinungs- und Kunstfreiheit? Ging es nur darum, den eigenen Geltungsdrang zu befriedigen, oder steckte nicht in jedem öffentlichen Auftritt, und sei er noch so weit weg von der Thematik, die Möglichkeit, einen kleinen Anteil Botschaft zu verstecken, um die es eigentlich ging? Das einzig wirksame Gegenmittel gegen die Diktatur ist die Impfung gegen Intoleranz und Überheblichkeit, der Gedanke, der weiter ist als seine Kritiker, und die Auseinandersetzung, die mutiger ist als ihre Zweifler.

Von »TV total« zu »Quatsch Comedy Club«

Stefan Raab

Am Tag meines ersten Besuchs bei Stefan Raabs Late-Night-Show »TV total« war ich mir sicher, dass es das einzige Mal wäre und man mich danach nicht wieder einladen würde.

Um einen Eindruck von der Studiosituation zu bekommen, hatte ich mir einige Wochen zuvor als Zuschauer vor Ort die Sendung angeschaut und gesehen, dass nur wenig Zeit für Inhaltliches bleiben würde. Ich musste also aufpassen, die Zuschauer nicht zu überfordern. Ich hatte mir daher vorgenommen, einen kurzen Stand-up über meine Hitler-Lesung zu spielen und dabei einige Ausschnitte aus »Mein Kampf« einzubauen. Meine bisherigen Erfahrungen als Comedian beschränkten sich auf wenige Auftritte, bei denen ich versucht hatte, Elemente der Lesung mit kleinen Anekdoten zu verbinden.

Auch wenn oft und viel über Stefan Raab geschrieben und erzählt wurde, wusste ich zunächst nicht, was auf mich zukommt. Ich konnte mir zwar vorstellen, dass ein anarchischer Geist wie er durchaus Gefallen an meiner Arbeit haben würde, ebenso war es aber auch möglich, dass er aus Angst vor Ärger zaghaft reagieren würde oder vielleicht sogar Teile meines Stand-ups zensiert werden würden. »TV total« wird live on tape aufgezeichnet, das heißt, die

Sendung wird gegen Nachmittag aufgenommen und dann am Abend ausgestrahlt. Es würde also genug Zeit bleiben für eine Zensur.

Mein Stand-up funktionierte erstaunlicherweise sehr gut. Die Zuschauer lachten und obwohl ich an manchen Stellen etwas zu oberflächlich war, schienen sie zu verstehen, worum es mir ging und wovon ich ihnen erzählte. Die größte Überraschung war aber für mich, dass Raab keinen einzigen Satz streichen ließ.

Und so entwickelte sich aus dieser ersten positiven Erfahrung ein Vertrauensverhältnis, das bis zum heutigen Tage einzigartig in meinen Erlebnissen in der Fernsehwelt geblieben ist. Tatsächlich ist Stefan Raab einer der wenigen Fernsehmenschen, die den Mut hatten, meine Stand-ups ohne Zensur zu senden, und nachdem ich mittlerweile mehr als 20 Mal bei ihm zu Gast war, würde ich behaupten, dass er einer der aufgeschlossensten und politisch integersten Menschen ist, die ich in diesen TV-Jahren kennengelernt habe.

Ob es seine Affinität zu fremden Kulturen ist, die sich auch in Sendungen um den türkischen TV-Star Beyaz ausdrückt, oder aber seine Neugier bei der Erforschung neuer Ideen und der damit verbundenen Überschreitung von Sehgewohnheiten, in vielen Dingen gab es zwischen uns beiden eine Schnittmenge, die sowohl meinem Anliegen als auch seiner Experimentierfreude entgegenkam.

Und obwohl nach meinem Stand-up eine wütende Diskussion im Forum der Homepage entbrannte, wurde ich weder sanktioniert noch wurde mein Konzept infrage gestellt: Ich hatte zu meiner großen Freude zum ersten Mal den Spagat geschafft, den ich geplant hatte: Ausschnitte aus »Mein Kampf« vorzutragen vor einem vollkommen ahnungslosen Publikum ohne Hilfestellung zum Verständnis und ohne meine Aussagen zu relativieren. Das Thema war gesetzt und es funktionierte sogar in einer ungewohnten Umgebung. So wollte ich diese Idee fortsetzen.

Aber das blieb leider die Ausnahme. Denn so sehr Raab aus dem Muster fällt, so sehr erfüllen andere die schlimmsten Klischees, die man von Fernsehmachern hat.

Quatsch Comedy Club

Ein Gegenbeispiel ist der »Quatsch Comedy Club« in Berlin unter der Leitung von Thomas Hermanns, in dem ich mehrfach live, aber auch zur Aufzeichnung der TV-Show zu Gast war.

Selektiert nach Bekanntheitsgrad und freundschaftlicher Verbundenheit zum Hausherrn werden ganze Abteilungen von Nachwuchskünstlern und mittelmäßigen Comedians durch die Instanzen geschoben, bis sie am Ende in den Genuss kommen, in Gnaden des Grandseigneurs auf der Bühne zu stehen.

Dabei ist der »QCC« durchsetzt von rigiden Strukturen: Für jeweils 150 Euro Abendgage spielen Künstler an vier aufeinanderfolgenden Tagen Ausschnitte aus ihren Programmen. Abweichungen vom Text sind unerwünscht und werden mit Ausschluss sanktioniert. Eine strenge Geschäftsführerin achtet freundlich, aber verbindlich auf die Einhaltung der Gesetze. Notfalls wird man zum Gespräch in die Chefetage zitiert und muss Abbitte leisten.

Keine Spur von Risikobereitschaft, keine Andeutung von künstlerischer Freiheit und inhaltlicher Ambition wird geduldet. Beim »QCC« handelt es sich um ein Geschäftsmodell, bei dem Geldmacher und Geltungssüchtige eine Masche gefunden zu haben scheinen, die bestens funktioniert.

Der »QCC« lebt vor allem von seinem Ruf als Fernsehshow und von der Toleranz gegenüber seinem exotischen Protagonisten Thomas Hermanns. Tatsächlich ist Hermanns ein Kunstprodukt einer sich ständig selbst feiernden TV-Gemeinschaft von Privatsendern, die aus allem Schrott eine Sensation machen, solange dieser verkaufsträchtig und massenkompatibel genug erscheint. Die Lieblingsthemen Hermanns' sind dabei die inflationäre Zurschaustellung seiner Vorlieben für ABBA, Albernheiten und Analverkehr.

Als ich dort zum ersten Mal spielen sollte, war alles noch gut. Man hatte meinen Stand-up bei Stefan Raab gesehen und ich wurde als Exot hofiert und umgarnt. Gleichzeitig verschwieg man den mitspielenden Kollegen, dass ich als einziger zur Bedingung gemacht hatte, keinen Text einreichen zu müssen. Und so wurde bei der Generalprobe zur Aufzeichnung einfach so getan, als würde man mein Manuskript mitlesen, während man durch leere Seiten blätterte.

Der Grund für den wohlwollenden Umgang mit mir war wohl auch, dass ich mir durch den Gewinn des renommierten Kabarettpreises Prix Pantheon 2004 und die darauffolgenden Auftritte in diversen Fernsehshows Respekt erarbeitet zu haben schien und man mich als schmückendes Beiwerk für die Exotenshow gut gebrauchen konnte. Ein Türke liest »Mein Kampf«, moderiert von einem schwulen Host in einer Berliner Comedyshow unterhalb des Friedrichstadtpalasts. Crazy shit!

Diese Situation sollte sich schon bald ändern. Bereits bei meinem zweiten Auftritt waren die Zeichen andere und ich wurde schon bei den Proben auf meine Grenzen hingewiesen. Ich hatte abermals keinen Text eingereicht und nach dem großen Erfolg meines ersten Auftritts schien das Ganze auch noch kein Problem: Solange ich keine Grenzen überschreiten würde, konnte man das als kauzige Eigenheit werten, schließlich sollte der Club ja auch ein Stelldichein der Ausgeflippten sein.

Da ich bei meinem ersten Auftritt schon alles zum Thema Hitler gesagt hatte, wollte ich diesmal den Spieß umdrehen und die anwesenden Zuschauer sowie den Gastgeber zum Gegenstand meines Auftritts machen, etwas, was in jeder mittelmäßigen angloamerikanischen Comedyshow üblich ist und niemanden sonderlich aufregt. Ich sagte also etwas zum Club und seinen seltsamen Methoden. Alles natürlich ironisch, denn ich stand ja schließlich auf der Bühne im »Quatsch Comedy Club«.

Ich sprach also über die unmenschlichen Arbeitsbedingungen der Comedians, die wie Vieh eingepfercht darauf warten müssen, auf die Bühne zu gehen, und mit Almosen abgespeist werden. Ich nannte Hermanns einen profitgierigen Comedy-Diktator, der hinter den Kulissen peinlich genau darauf achtet, dass in seinem Reich alles so läuft, wie er es will, sonst würde backstage schon mal ein rosa Telefon klingeln und man würde zur Räson gebracht. Das

Wort »Räson« unterstrich ich durch eine kopulierende Bewegung.

Natürlich war das alles grenzwertig und ein Anteil bitterer Wahrheit steckte sicher auch in meinen Worten. Aber lebte das Verhältnis vom Club und mir nicht davon, dass wir uns aushielten? Dagegen, dass ich dem Publikum üblicherweise als pöbelnder Comedy-Türke vorgestellt wurde, erschien mir meine Aussage als geradezu harmlos.

Doch irgendwie schmeckte diese Art von Humor den Verantwortlichen nicht und so wurde ich bereits bei der Generalprobe zur Aufzeichnung zum Produzenten zitiert und sollte die entsprechenden Passagen meines Textes ändern. Worauf ich wütend wurde und am Abend vor laufender Kamera doppelt so viele Sprüche raushaute, Hermanns eine »Dreilochstute« nannte und damit mit meinem Stand-up die Grenzen des quetschigen Clubs zu sprengen drohte. Das Publikum tobte. Der Abend aber war gelaufen. Die Stimmung auf der After-Show-Party war dementsprechend eisig. Der »Comedy-Türke« hatte seine Grenzen nicht eingehalten, im Gegenteil, er hatte selbst bestimmt, was lustig ist und was nicht, und das war ein Verstoß gegen die Regeln. »Not funny« bescheinigte mir der Meister und grinste seinen Ärger über ein Glas Aperol Spritz hinweg.

Ich wusste, dass ich es wohl zu weit getrieben hatte, und schloss innerlich mit dem Kapitel ab. In der naiven Hoffnung, dass die Reaktion des TV-Publikums über die Qualität meines Auftritts entscheiden wird und das Ding sich schon irgendwie richtet, verließ ich den Laden. Was ich aber dann Monate später bei der Ausstrahlung der Sendung erleben musste, bestätigte einmal mehr meinen Eindruck, den ich von der Lage im Club hatte. Nach außen Friede, Freude, Eierkuchen, hintenrum wurde intrigiert und zensiert.

Man hatte meinen Stand-up derart zurechtgestutzt und geschnitten, dass weder die unerwünschten Zoten darin enthalten waren, noch war erkennbar, worum es mir eigentlich ging. Das Ding war vollkommen verstümmelt. Ein zusammenhangloser und sinnfreier Auftritt ohne Anfang und Ende. Fast schon so, als wollte man mir zeigen, wie man mit Hasardeuren wie mir umgeht, hatte man den Kern meiner Aussage so verfremdet, dass ich vor den TV-Zuschauern als wirres Zeug stammelnder Randale-Komiker dastand.

Mein Thema war der Faschismus in uns gewesen und unsere seltsam zweideutige Beziehung dazu. Aber genau das war mein Irrglaube gewesen: zu denken, dass man innerhalb eines etablierten Systems aus Abhängigkeiten und Unterdrückung mit Urhebern und Stellvertretern auf einer übergeordneten Ebene über Ideen diskutieren kann. Das war wirklich naiv von mir.

Zensur

Diese Methode der nachträglichen und willkürlichen Zensur, vor allem aber der inhaltliche Eingriff in die Arbeit des Künstlers ist nicht nur im »QCC« gang und gäbe. Fast in jeder Sendung, in der ich in den letzten 20 Jahren aufgetreten bin, wurde nachträglich gestrichen. Mal, weil es den Werbepartnern nicht passte, mal, weil es der Redakteur zu heikel fand. Die Gründe sind zahlreich und immer vorhanden und die Sau, die man durchs Dorf jagt, ist immer eine andere.

Ob RTL oder Pro Sieben, ob ARD oder ZDF, es gibt keinen Sender und keine Sendung, in der ich nicht zensiert, geschnitten und am Ende als Regelbrecher verleumdet wurde. Die Liste der Namen der Beteiligten ist lang und es wäre müßig, auf jeden Fall einzugehen.

Einige Erlebnisse sind mir jedoch als besonders extrem in Erinnerung geblieben, wie meine Begegnungen mit den angeblich »Jungen Wilden« bei »Cindy aus Mahrzahn« auf RTL, wo man meinen Stand-up wiederum so wild fand, dass es gleich komplett rausgenommen wurde, oder die WDR-Sendung »Funkhaus« mit ihrem Anspruch, frische Avantgarde zu sein, aber so bieder und spießig rüberzukommen wie eine Butterfahrt für Geschmacksverkalkte, wo die zuständige Redakteurin nach meinem Auftritt verkündete, ich stünde ab sofort auf der roten Liste für unerwünschte Gäste.

Die meisten der damaligen Verantwortlichen habe ich Gott sei Dank überlebt und hätte ich nicht parallel zu meiner TV-Ambition bereits eine ausgedehnte und lange Theaterlaufbahn gehabt, wer weiß, ob ich nicht heute auch eines von den ewig jungen Talenten wäre, die man zuerst aufbaut, hofiert und dann über sie lästert und ihren Absturz provoziert. Viele dieser Schicksale sind bekannt, an andere erinnert man sich schon gar nicht mehr. Manche zerbrechen an den Kränkungen, andere schaffen es, sich wieder ins Rampenlicht zu spielen.

Die meisten aller Künstler bleiben nur Rohware für eine Industrie, die gnadenlos so lange ihr Talent abschöpft, wie es ihr Quote bringt, ohne darauf zu achten, welche Hoffnungen, Sehnsüchte und Karrieren der Künstler dabei zerstört werden.

Die Anerkennung durch die Öffentlichkeit macht die Künstler abhängig von den Produzenten und sie werden immer gieriger danach, stattzufinden, bis sie ihrem eigenen Geltungsdrang eines Tages so ausgeliefert sind, dass sie nicht leben können, ohne im Mittelpunkt zu stehen, und daran scheitern.

Sie zählen jeden Tag die Likes ihrer Facebookprofile, googeln minütlich ihren Namen und posten unwichtigen Kram auf Twitter und Instagram. Und doch verschwinden sie eines Tages in der Versenkung oder landen im Dschungelcamp, sie lassen sich casten für irgendwelche Sitcoms oder sprechen Werbung für Gummibärchen.

Es wäre zu einfach, die Schuld nur bei den Machern zu suchen. Den Produzenten geht es nicht um die Menschen, weil sie sich um ihr eigenes Überleben kümmern müssen, sie sind die Zulieferer für die TV-Sender, die nichts anderes sind als große, fremdgesteuerte Konsortien, denen es einfach nicht um Inhalte geht: Wenn die Ware nicht funktioniert, wenn der Künstler nicht innerhalb der ihm vorgebenden Richtlinien bleibt, wird er abgeschoben und aussortiert. Mit Kunst hat das alles weniger zu tun als mit Faschismus, Ausbeutung und Diktatur.

Und deshalb ist die Verlogenheit dieser Branche auf der einen Seite unerträglich. Auf der anderen Seite ist sie so selbstverständlich, akzeptiert und gewachsen, dass es Jahre dauern wird, bis diese morbide Gesellschaft an ihrer eigenen Hybris erstickt.

Schaut man sich die Liste der Preisträger des deutschen Comedypreises der letzten Jahre an, so findet man immer die gleichen Namen. Das System »Deutsche Comedy« ist schon längst eine Diktatur, in der die mächtigen TV-Sender und Produzenten das Sagen haben und ihre eigenen Regeln aufstellen. Künstlerischer Erfolg ist nur durch Unterordnung und Angepasstheit möglich.

Dieses System ist unfähig, sich zu erneuern, und es funktioniert durch die Vergabe von Marktanteilen und Sendemonopolen. Statt jungen und innovativen Künstlern und Ideen eine Chance zu geben oder Plattform zu sein für frische Formate, feiert man sich lieber in einem fort selbst. Ein Abgesang einer untergehenden Kaste von Spaßmachern auf sich und ihre angeblichen Errungenschaften. Und schon längst haben sich diese Leute von ihren eigenen Ansprüchen und den Bedürfnissen ihrer Zuschauer entfernt. Sie merken nicht, wie künstlich das Konstrukt ist, in dem sie sich bewegen.

Achtung! Achtung! Wir unterbrechen das Programm für eine aktuelle Ansprache des Führers.

Alle mal herhören, ihr Kackwurstschnüffler!
Hier spricht der allmächtige Hassias, der Hersteller der Welt und Erlöser der Geteufelten.
Im Namen aller frustrierten Gebührenzahler gegen die Verblödung des Abendprogramms (kurz FruGeDiVer-BlöDeAllah) und der hassistischen Befreiungsfront erkläre ich mit sofortiger Wirkung meine Machtübernahme.

Ich habe das Studio dieser Flachpfeife Grobian gekapert samt Standleitungen zu alkoholsüchtigen Mettfickern und meinem Schwanz in der Hand. Das Gebäude ist außerdem umstellt. Und eine Spezialeinheit tapferer junger Männer ist in meinem Auftrag unterwegs, diese Sendung samt seiner dümmlichen Klientel augenblicklich und unverzüglich zu rasieren.

Das Studio wird anschließend ejakuliert und zu einer Notunterkunft für osteuropäische Oralhostessen umgepolt.

Ich tue dies aus reiner Nächstenliebe und meiner Verantwortung gegenüber mir selbst!

Das Fernsehen in seiner jetzigen Form ist dem Untergang geweiht. Schlimmstes Bänkerentertainment und reine AfD-Comedy wird bejubelt und gefeiert und hohle Zoten werden als Erfolgsquoten moniert.

Schlimmer noch: Unter Vortäuschung einer anspruchsvollen Bespaßung wird der unterhaltungsbedürftige Zuschauer nur abgelenkt von der Tatsache, dass jeder dieser faulen Kalauer schon zigfach erzählt wurde, dass einzig und allein der ahnungslose Konsument am Ende den Deckel für dieses unsinnige Spektakel zu zahlen hat.

Unser Ziel ist es daher, diesen unerträglichen Zustand nicht mehr hinzunehmen und diese widerliche und sogenannte Sendung exemplarisch, sofort und unwiderruflich abzusetzen und stattdessen regelmäßige Sendeplätze für unsere phänomenalen eigenen Programme zu installieren. Als da wären:

– »Hart aber unfair. Die grobe Diskussionssendung«

– »Verbotene Hiebe – Salafisten-Soap«

Und natürlich die große Samstagabendschau:

– »Wetten Hass! – live aus Tröglitz«.

Und das ist erst der Anfang. Die Devise lautet ab sofort: Das, worüber ihr jetzt noch lacht, ist das, was euch morgen schon den Garaus macht.

Weitere Maßnahmen sind beabsichtigt und werden gegebenenfalls durchgeführt. Sollten unsere Forderungen nicht innerhalb eines Monats umgesetzt werden, erfolgt als vorläufige Sanktion ohne Ankündigung:

- die sofortige Wiedereinführung sämtlicher gleitfähiger Gegenstände in Dolly Buster

- Ernennung Mario Barths zum Vergnügungs- und Kriegsminister

- gleichzeitig: die Wahl Tom Buhrows zur Pussy des Jahrhunderts

- plus der Konfiszierung aller TV-Gebühren zur Förderung unseres hassistischen Mottos: mehr Titten, weniger Dialog!

Ich weise ausdrücklich darauf hin, dass ich keine Hinhaltemanöver und Ausreden akzeptieren werde und wild entschlossen bin, meine Forderungen durchzusetzen, notfalls mit stumpfer Gewalt.

Geheiligt sei mein Samen in und auf den Damen. Amen!

(Anruf stört ihn.) Schnauze!

(Vom WDR zensierter Stand-up-Text vom Mai 2015)

Öffentlich-rechtliche Sender
Am schlimmsten ist es bei den öffentlich-rechtlichen Sendern. Ich weiß nicht, in wie vielen Sendungen ich beim SWR, NDR, WDR und beim RBB aufgetreten bin. In keiner davon habe ich jemals erlebt, dass man meine Texte

unzensiert gelassen hätte. Die Verantwortlichen handeln meist in vorauseilendem Gehorsam und im Sinne einer übergeordneten Instanz. Die Redakteure berufen sich bei ihren rigiden Einschnitten in die Freiheit der Kunst auf die Aufträge des Gebührenzahlers, der Chefredaktion und den Jugendschutz, aber sie begründen ihr Verhalten nicht vor der Öffentlichkeit, schon gar nicht erklären sie es dem Künstler. Nur manchmal hadern sie aus Angst davor, dass die Presse Wind davon bekommt, und geben kleinlaut zu, dass es hinter den Kulissen der deutschen Lachkultur nicht besonders humorvoll zugeht.

Das ist so typisch deutsch!

Immer diese Extreme. Erst gegen Ausländer sein und alles, was fremd ist, unter Generalverdacht stellen, jahrelang nix mitbekommen, wenn eine Nazibande durchs Land zieht und Leute auf offener Straße killt, und dann Kehrtwende um 180 Grad und alle Flüchtlinge sind plötzlich gut, der Islam gehört zu Deutschland, Vielfalt ist gut, blablabla. Wir singen zusammen im Flüchtlingschor gegen Ausländerfeindlichkeit und den bürgerlichen Nazi-Mob: »Wir lagen vor Lampedusa und hatten keinen Pass an Bord«.

Was kotzt mich mittlerweile dieser aufgesetzt-linksreaktionäre Common Sense von Willkommenskultur an. Hauptsache, alles in einen Topf werfen und schön verallgemeinern. Schließlich sind alle Ausländer gleich. Gut oder böse? Nee, nee.

Das ist vor allem eine Frage des Zeitpunkts, an dem man die Antwort darauf gibt. Selbst wir Kabarettisten beteiligen uns daran und wackeln zur nächsten Preisverleihung und parlieren im Partizip Perfekt bei Sekt und Selters über unser eigenes Kli-

schee. Oder, um es mit Mirja Dumont zu sagen, die den Fern-
sehpreis mit den Worten entgegengenommen hat: »Vielen Dank,
dieser Preis geht auch an alle Flüchtlinge da draußen. Ihr seid
super!«

Und jetzt also der Grimme-Preis für die Anstalt? Ich glaub, es
hackt. Antiestablishment wird zur kommerziellen Attitude und
Haltung mutiert zum plumpen Entertainment der intellektuellen
High Society. Exodus Ladenschluss im Circus Halluzinogalli.

Und all das nur aus mangelndem Gleichgewichtssinn von Affekt
und Rationalität. Wann kriegt ihr Deutschen das endlich mal hin,
einen normalen, ausgeglichenen Umgang zu finden mit euch und
euren seltsamen Ideen von Nationalstolz und »Wir sind wieder
wer«, von Leitkultur und historischer Verantwortung?

Vor allem: Warum überlasst ihr euch nicht dem Extremen in euch
und überlasst diese Debatten stattdessen immer wieder den Extre-
men um euch herum?

Die Amis, die Franzosen, die Engländer, ja sogar die Holländer
kriegen es mittlerweile doch auch hin, offene Debatten zu führen,
ohne ständig Angst zu haben vor Ansehensverlust und keulender
Moral. Und Terror wird auch nicht dadurch weniger, dass man
gastfreundlich zu Terroristen ist.

Keine Sorge. Hier geht es genauso wenig um Schuldzuweisung, wie
es hier auch niemandem um Flüchtlingshilfe und schon gar nicht
um Differenzierung geht. Das Wort »Flüchtling« ist inzwischen
nur eine vage Umschreibung für geheuchelte und proportionierte
Anteilnahme. Es müsste eigentlich »Xenophilie« oder »positiver
Rassismus« heißen. Der Neger ist gut, noch besser, wenn er über das
Mittelmeer kommt; Syrer sind gute Ausländer, weil gegen Assad;
Sinti und Roma grundsätzlich kriminell, Griechen korrupt und
Türken schon deutscher als deutsch. Vor allem: Wer ist Kriegsop-

fer, wer ist Wirtschaftsflüchtling? Wer haut ab vor Armut, Hunger und Krise und wer wandert in unsere Sozialsysteme ein? Da muss wahrscheinlich sogar Talkshow-Orakel Wolfgang Bosbach die Kanzlerin anrufen, um die Million an Asylanten zu verprassen.

Die wichtigste Aufgabe, die wir in den nächsten Jahren in dieser Gott sei Dank immer vielfältiger werdenden Nation haben, ist, nicht blind Zuneigung und Ablehnung zu verteilen, sondern das Abwägen zu lernen und Argumentationen zuzulassen. Nicht jeder Flüchtling, der kommt, ist per se gut und nicht jeder, der gegen die Unterwanderung des Abendlandes protestiert, ein Nazi.

Aber wer seine Meinung nicht aufgrund von fundierten Überlegungen bildet, sondern sie als Schutzschild vor seine Ängste stellt, der ist oft nur ein opportunistisches Arschloch. Konsens braucht die Fähigkeit zum Verständnis und Toleranz ist immer nur der letzte Ausweg vor der Eskalation.

Abwarten. Schon in ein paar Monaten kann es nämlich wieder vorbei sein und der Ausländer ist wieder genauso schlecht, wie er vorher war. Und dann sagen Sie nicht, Sie hätten von alldem nichts gewusst.

Salamaleikum und Servus!
(Vom ZDF abgelehnter Stand-up vom März 2015)

Kollegen

So wie ich in den vielen Jahren meiner TV-Auftritte selten erlebt habe, dass ein Sender oder Produzent loyal war und meine Arbeit so respektiert hat, wie sie ist, noch seltener habe ich erlebt, dass einer der Kollegen mich vor diesen Instanzen in Schutz genommen hätte oder sich Solidargemeinschaften gebildet hätten, bei denen das Leid des anderen auch zum eigenen Leid wird und man sich gegen Ungerechtigkeit wehrt.

Es gibt nur wenige Kollegen, mit denen ich die Erfahrung gemacht habe, dass sie für mich ihre Hand ins Feuer legen würden. Viel häufiger habe ich erlebt, dass die Mehrheit der Künstler im Zweifelsfalle auch gegen die eigene Auffassung von Gerechtigkeit pragmatisch bleibt und sich eher auf die sichere Seite des kurzfristigen Nutzens statt auf die der größtmöglichen Glaubwürdigkeit schlägt.

Es ist erschreckend, wie wenig Haltung und Mut in dieser Branche existiert. Widerstand ist für die meisten ein Fremdwort und bevor man hinterfragt, was einen stört, hält man lieber durch und hofft, ohne größere Blessuren davonzukommen.

Vergleicht man diesen Apparat mit einer totalitären Diktatur, so findet man viele Ähnlichkeiten: Es gibt eine Doktrin, die vertreten wird von einer Nomenklatur aus Bessergestellten und Hochgedienten. Es gibt gewachsene Strukturen aus Zensur und Bespitzelung, Intrigen und Drohungen. Wer konform ist, überlebt, wer Widerstand leistet, wird ausgegrenzt. Er wird entweder zum Dissidenten oder er scheitert daran. Das System merzt bedingungslos jeden aus, der an ihm zweifelt, und seine Überlebensfähigkeit gründet sich auf der Angst seiner Untergebenen vor Ansehensverlust, materieller Einbuße oder Restriktion. Weshalb sollte man also noch Angst haben vor den Folgen einer Lektüre von »Mein Kampf«, wenn seine Inhalte schon längst angewendet werden, ohne dass es irgendjemanden wirklich interessiert?

Nach diesen ausgiebigen Erfahrungen, die ich mit meinen Ausflügen in die Fernsehwelt machen konnte, war es klar, dass ich diese Erkenntnisse in mein folgendes Bühnenprogramm einfließen lassen musste.

Das Thema blieb indes immer noch das gleiche: Es ging nach wie vor um die Erforschung der Frage, was ist Faschismus, wo finden wir ihn heute und sind wir wirklich klüger als noch vor hundert Jahren. Was bedeutet Propaganda und wie wichtig ist sie im faschistischen System? Gibt es auch heute noch Mechanismen der Propaganda, die auf uns wirken, oder sind wir resistent dagegen und erkennen, wann man versucht, uns zu manipulieren? Vor allem: Nutzen wir die Möglichkeiten des technischen Fortschritts, um schlauer zu sein, oder lenken wir uns damit nur ab? Verfallen wir in denselben einheitlichen Trott wie Generationen vor uns auch? Und wenn wir gefragt werden, sagen wir, wir hätten von alldem nichts gewusst, oder erkennen wir in der Anzahl der gewachsenen Möglichkeiten eine Chance, uns weiterzubilden und entschiedener zu sein?

Aus welchen Quellen nehmen wir unsere Informationen? Sind diese tendenziös und fremdbestimmt oder entscheiden wir wirklich autonom darüber, was wir glauben und was nicht? Ist es überhaupt möglich, darauf Antworten zu geben, oder müsste man dazu nicht tiefer in die Materie eindringen? Was soll es zudem bringen? Kann man wirklich einen Vergleich zwischen der Ideologie Hitlers und unserer heutigen Medienpolitik ziehen?

Für manch einen mag es in der Tat weit hergeholt sein. Aber es ist auch nicht meine Absicht, das nationalsozialistische Regime mit den Instanzen unserer Zeit gleichzusetzen. Vielmehr geht es mir darum, zu hinterfragen, ob wir nicht schon längst auf den gleichen Pfaden wandeln wie die Menschen, die durch Hitlers Ideen überwältigt werden konnten, wenn wir nicht ein Bewusstsein für das entwickeln, was uns heute in eine Richtung treibt, in die wir vielleicht gar nicht wollen.

Das Thema und die Fragen waren dieselben geblieben, aber ich suchte nach einer neuen Form, nach einer, die die bisherigen Entwicklungsschritte mit einbeziehen würde. Ich brauchte für mein neues Programm einen Text der Gegenwart, einen, der vielleicht im ersten Augenblick in keinem Zusammenhang zu den vorherigen Texten stand, zugleich sollte es ein Text sein, der Improvisation zulässt und Interpretation verlangt. Es musste vor allem auch ein Text sein, den namentlich jeder kennt, aber inhaltlich die wenigsten durchleuchtet haben. Der neue und einzigartige Aspekt des Programms wäre, dass man ein Medium als faschistoid entlarvt, das gegenwärtig und alltäglich erhältlich ist und im Gegensatz zu den vorhergegangenen Texten sogar gelesen wird.

So war es nur eine Frage der Zeit, bis mir die Idee kam, die BILD-Zeitung öffentlich zu lesen und zu kommentieren und gleichzeitig zu erläutern, welche Strukturen hinter dem Blatt stehen, wie die Zeitung selbst aufgebaut ist und wie die BILD grundsätzlich verfährt, wenn sie Kampagnen steuert oder Meinung macht.

BILD-Zeitung 2006–2008

Die BILD-Zeitung steht auch heute noch exemplarisch für die Frage, wie man mit einem Massenmedium Meinungen steuern kann und wann diese an der Grenze zur Hetze landen. Sie ist gleichzeitig eine der meistgelesenen, aber auch der meistverachteten Tageszeitungen Deutschlands.

Die Fragen danach, wie dieses Blatt entstanden ist, wie sich seine Macht im Laufe der Jahre vergrößert und immer wieder verändert hat und welche Vorgänge im Hintergrund stattfinden müssen, damit wir alle am nächsten Tag über die Titelzeile reden, sind hochinteressant.

1977 dokumentierte der Kölner Schriftsteller Günter Wallraff, der sich als Heinz Esser in die Redaktion eingeschlichen hatte, aus nächster Nähe, mit welchen Methoden die BILD arbeitet. Und auch »Die verlorene Ehre der Katharina Blum« von Heinrich Böll war im Grunde genommen ein literarischer Angriff auf die Arbeitsweise der BILD. Darüber hinaus gab es aber keine weiteren nennenswerten Versuche künstlerischer Annäherung an das Thema.

Bei meinen Recherchen interessierte mich zunächst, woher die BILD kam, wie sie sich entwickelt hat, welche Rolle sie im Verlauf ihres über 50-jährigen Bestehens gespielt hat und wo sie heute steht.

Die englische Tageszeitung The Sun als Vorbild, wollte der Berliner Verleger Axel Springer 1952 eine Zeitung auf den Markt bringen, die ohne viel Text und mit entsprechend vielen Bildern das tägliche Weltgeschehen dokumentierte. Am 24.06.1952 erschien die erste Ausgabe mit der Titelzeile »Grenze bei Helmstedt wird gesichert«, sie hatte vier Seiten und wurde kostenlos verteilt. Danach kostete das Blatt zehn Pfennig.

Die ursprüngliche Idee, eine Eins-zu-eins-Kopie der britischen Yellow Press zu sein, wurde bald verworfen und so wurden das Format umgestellt und die Fotos mit kurzen Bildunterschriften und Kommentaren versehen, kleine Artikel wurden ergänzt, die dem Leser schnell und kompakt vermitteln sollten, worüber man in Deutschland gerade spricht. Von Anfang an sollte die BILD die Meinung der Mehrheit der Bevölkerung repräsentieren oder zumindest das, was man beim Springer Verlag für die Mehrheit hielt. Gemäß den drei Grundsätzen des Verlags, dem Glauben an die Wiedervereinigung Deutschlands, der Freundschaft zu den USA und dem strikten proisraelischen Kurs, wurde berichtet von den kleinen und großen Schauplätzen der Nation, der Welt, aber auch aus dem Boulevard und über Themen, die gerade aktuell waren.

Mit dem Beginn der Studentenunruhen 1968 bis Ende 1977, als der deutsche Herbst wütete und die BILD offen Meinung gegen die Terroristen der RAF machte, veränderte sich das Klima zwischen der bürgerlichen Mittelschicht und der aufgebrachten Studentenschaft gravierend und die BILD wurde mehr und mehr zum Ziel von Anschlägen und Hass linker Aufständiger.

Die BILD reagierte trotzig und wurde radikaler, sie bezeichnete die Demonstranten etwa als Chaoten und Rüpel und forderte dazu auf, sie mit Stöcken auf die Schädel zu schlagen. Bis zum heutigen Tage ist die BILD Feindbild linker Gruppierungen, und das, obwohl mittlerweile mehrere Generationen unterschiedlicher Redaktionen die Inhalte der Zeitung bestimmten und sie bei Weitem nicht mehr so eindeutig als reaktionär einzuordnen ist, wie sie es damals vielleicht war.

Die heutige BILD-Redaktion wird geleitet von Kai Diekmann, einem Eleven der Springer Verlagsanstalt, der durch alle Instanzen der Hierarchie gegangen ist, bis er 2000 als jüngster Chefredakteur den unbeliebten Udo Röbel ablöste. Diekmann stellt für viele eine Rückkehr der BILD zum Meinungsmedium dar, das skrupellos und ohne Rücksicht Kampagnen steuert und seine Macht ausspielt, wenn es manipulieren möchte.

Die Beispiele für die erfolgreiche Durchführung dieses Anspruchs sind zahlreich. Ob der Sturz des damaligen Bundespräsidenten Christian Wulff oder die Förderung und Demontage des ehemaligen Verteidigungsministers von Guttenberg, die BILD hat einen gehörigen Anteil daran, dass sich Stimmung gegen oder für etwas bildet, sodass selbst auf hohen politischen Ebenen Entscheidungen getroffen werden müssen.

Dabei geht es der BILD und Diekmann keinesfalls immer nur um den journalistischen Auftrag, die Leser zu informieren. Vielmehr stehen persönliche Verbindungen, Kränkungen und ein völlig abgehobenes Verständnis von der eigenen Rolle und Verantwortung bei den Entscheidungen darüber im Vordergrund, worüber die BILD berichtet und worüber nicht.

Die BILD hält sich für eine Art Schattenkabinett, das den Finger in die Wunde der öffentlichen Befindlichkeit legt und mit dem Ohr ganz nah an der Bevölkerung ist. Sie nimmt, wenn ihre Meinung im Widerspruch zu der durch Politik propagierten Vorgabe steht, jedes Mittel wahr, um diese durchzusetzen.

Die Folge ist, dass sogar viele Politiker und Prominente aus Angst vor der Macht der BILD-Zeitung Absprachen mit ihr treffen, Nichtangriffspakte schließen und im Zweifel immer zu Konzessionen bereit sind, solange die BILD sie in Ruhe lässt. Was möglich ist, entscheidet allerdings einzig und allein der Chefredakteur, womit wir erneut bei der totalitären Struktur einer Organisation landen, die mitten unter uns ist und schalten und walten kann, ohne dass wir etwas dagegen unternehmen können.

IN DER HÖHLE DES LÖWEN – SERDAR SOMUNCU BESUCHT DIE BILD-REDAKTION

Nachdem Serdar Somuncu monatelang erfolgreich auf Deutschlands meistgelesenem Presseorgan, der BILD-Zeitung, herumgehackt hat, besuchte er nun auf persönliche Einladung des Chefredakteurs Kai Diekmann eine Redaktionskonferenz, um seine Version einer Blattkritik abzuliefern.

Im Hamburger Axel Springer Gebäude, dem Entstehungsort der täglichen Lektüre von mehr als 4 Millionen Menschen, herr-

schen strengere Sicherheitskontrollen als an manchen Flughäfen. Schwitzende Sicherheitsbeamte suchen akribisch nach allem, was gefährlich sein könnte. Die Produkte des Springer Verlags sind offensichtlich so streitbar, dass manch erregtes Gemüt ausgerechnet hier seinen Weg zur angewandten Beschwerde sucht.

Was die Beamten bei Serdar Somuncu zu finden hoffen, bleibt indes ungewiss. Sind es die spitzen Pfeile, die der Kabarettist allabendlich auf ihren Arbeitgeber abfeuert, oder ist es der Kübel Gülle, der sich unter höhnischem Lachen der Zuschauer auf das Blatt ergießt?

Endlich geschafft. Ein paar Drehtüren weiter, vorbei an metallischem Aufzugsurren, immer an Spiegelwänden entlang, grüßen überall freundliche Redakteure auf dem Weg zur nächsten Konferenz. Schließlich müssen die Themen für die nächste Somuncu-Lesung stehen.

Die heutige Schlagzeile kann man kaum übersehen. Auf kleinen Stapeln liegt die aktuelle Ausgabe der BILD. Eine der vielen, sich aus den begrenzten Synonymen und Formeln zusammensetzenden Parolen, von Bohlen bis Knut, die sich für die nächsten Stunden des Tages ins Hirn einbrennt, bis man sie erfolgreich ins Unterbewusstsein verdrängt. Abstoßend und anziehend zugleich. Schwupps, schnell eine Ausgabe eingesteckt. 50 Cent gespart. Schließlich sind wir Ehrengäste.

Dann der Eintritt ins Pantheon des deutschen Schmierenjournalismus. Ein glatt gegelter Kai Diekmann springt aus seinem Sessel und begrüßt zunächst Serdar Somuncu, dann die anwesenden Ressortchefs. Business as usual nach dem Motto BILD macht Meinung. Was passiert, wenn Knut größer wird als sein Pate Sigmar Gabriel? Lassen wir Bohlen über die Klinge springen? Wer wird Superstar? Wer war es nicht alles schon? Bringen *wir die Todesmeldung, obwohl der Anwalt der Verstorbenen es nicht will? Natürlich bringen wir sie. Schließlich erscheint auch eine Todesanzeige. Die Anwesenden nicken unisono.*

Dann geht es zwei Etagen höher zur nächsten Sitzung. Diesmal mit den Chefs aller regionalen Abteilungen. Der Tross macht sich auf. Allen voran schreitet Kai Diekmann durch sein Papierreich, über endlose Korridore vorbei an tippenden Menschen hin zu einem Saal, der voller Bildschirme ist, einer Art Kommandobrücke im Raumschiff BILD. Diekmann setzt sich, vor ihm eine Israelfahne. Er begrüßt das Auditorium. »Wie spricht man Ihren Namen aus?«, fragt er, während er sich freundlich herüberbeugt. »Somundschu.« »Ah ja, guten Morgen! Begrüßen Sie bitte für unsere heutige Blattkritik den Kabarettisten Sirdor Smandcho.« Das nennt man hier wohl gründlich recherchiert. Serdars Tipps und Mäkeleien bleiben dennoch moderat. »Werden Sie härter, aber bleiben Sie ehrlich«, rät er süffisant lächelnd den staunenden Redakteuren. »Wenn Sie schon etwas gegen Türken haben, warum nicht gleich auch gegen Zigeuner und Tschetschenen? Warum wird Knut nicht endlich begnadigt und Ex-RAF-Terrorist Christian Klar mit toten Heringen gefüttert? Wann geht die Erde wirklich unter und weshalb rettet Greenpeace sie nun zusammen mit der BILD für gerade mal 60 Euro pro Tag? Wenn Murat Kurnaz sagt, er habe in Afghanistan Urlaub gemacht, wieso beschwert er sich dann über Guantanamo, wo das doch der gleiche Reiseveranstalter organisiert?« Eine halbe Stunde lang parliert Serdar von den Tiefen und Höhen seiner täglichen Lektüre und er nimmt dabei kein Blatt vor den Mund. Am Ende freundlicher, aber respektvoller Applaus. Akupunktur für Raubtiere. Während Diekmann sich im Vorbeigehen zu Serdar umdreht und sagt »Ich habe gar nichts gegen die Türkei,

ich war sogar schon mal in Bodrum im Urlaub«, hört man im Hintergrund, wie eine Redakteurin ihre zu spät gekommene Kollegin fragt: »Kennst du schon den mit Kurnaz und Guantanamo?«
(Westdeutsche Zeitung, 08.05.2007)

Die Methoden der BILD-Zeitung, insbesondere auch ihr Führungsstil, sind autoritär, ihre Weltansicht durch und durch extrem und wer ihr in die Quere kommt, wird vernichtet. Die BILD tarnt sich, Zeitung zu sein, aber sie ist eine Organisation, deren Ziel es ist, die vollständige Macht über unsere Meinung zu erlangen, diese zu steuern und zu ihren Gunsten zu nutzen. Für ihre Propaganda nutzt sie ihre eigenen Publikationskanäle und ist somit bei der Verbreitung ihrer Meldungen auf niemanden angewiesen.

Die Ableger der BILD-Zeitung sind mittlerweile zahlreich und die Anteile des Springer Verlags an Fernsehsendern, Magazinen und sonstigen Medien unübersehbar groß.

Dieses Imperium, an deren Spitze die schillernde Figur Diekmann steht, produziert mit nahezu vier Millionen Exemplaren jeden Tag ein Stück Demagogie, indem es Kampagnen über zahlungswillige Griechen lanciert, Minister anschwärzt, B- und C-Promis als Betrüger entlarvt oder einfach Schicksale von Menschen ausschlachtet.

Manchmal auf besonders perfide Weise: Wenn Menschen bei einem Verkehrsunfall umgekommen sind, zeigt die BILD exklusiv die Bilder der Verstorbenen, weil sie weiß, dass die Neugier ihrer Leser auch über die Grenzen jeglicher Moral geht. Sie nimmt dafür Gerichtsprozesse in Kauf, die sie mehr oder weniger aus der Portokasse bezahlt.

Und auch die unzähligen Rügen des Presserats nimmt man in der BILD-Redaktion mit Gelassenheit hin. Schließlich rechnet sich das eine mit dem anderen auf. Je mehr man gerügt wird, umso sicherer ist man sich, dass man verkaufsträchtige Themen bespricht.

Die Machart der BILD ist dabei denkbar einfach und sie hat sich im Laufe der Jahre nur wenig verändert. Die gravierendste Änderung der letzten Jahre war vielleicht sogar die Abschaffung des Seite-eins-Mädchens, deren Texte zum Schluss von Katja Kessler, der Ehefrau Diekmanns, geschrieben wurden.

In unterschiedlichen Variationen steht tagtäglich dasselbe: Kolumnen, wie zum Beispiel von Franz Josef Wagner, begleiten kleine Artikel über In und Out. Aktuelle Prognosen wechseln ab mit kurzen Meldungen über Skandale und Banalitäten. Dann folgen Sport und Lokales, am Ende noch ein paar bebilderte Promistrecken und Kurzmeldungen.

Die Recherche beschränkt sich meist auf die Altersangaben zu den in der Story genannten Personen, oft wird deren Name durch einen erfundenen, vermeintlich prägnanten Titel ersetzt: »Schumi I« ist Michael Schumacher, »Schumi II« sein Bruder Ralf, »Baby Schumi« ist Sebastian Vettel. Der »Narben-Sänger« ist Seal, Andreas Lubitz, der Co-Pilot, der die Germanwings-Maschine in den französischen Alpen zum Absturz brachte, ist der »Amok-Pilot«. So werden die Kampagnen der BILD zu einer Art Fortsetzungsgeschichte, bei der man sich noch nicht einmal die Namen der Protagonisten zu merken braucht, weil der Titel des Betroffenen emotional mit seinem Namen gekoppelt wird.

Vor allem geht es den Machern der BILD darum, auszuloten, wo der Volkszorn sitzt und wie man ihn entfachen kann. Denn das garantiert Verkaufszahlen. Die BILD-Macher haben ein fast unheimliches Gespür dafür, was die Mehrheit der Bevölkerung gerade zu denken scheint: Ob es das Schwelgen im nationalen Fußballrausch ist, das die BILD mit »Schwarz, rot, geil« kommentiert, oder die Abkehr von Jahrhundert-Kanzler Helmut Kohl, den sie nach jahrelanger Huldigung plötzlich zum »Umfaller« deklariert, oder die jüngste, an Rassismus und Fremdenfeindlichkeit kaum zu überbietende Kampagne gegen die Hilfszahlungen für Griechenland.

Die BILD ist sich selbst am nächsten, sie ist weder einer Regierung untertan noch ist sie irgendwelchen Lobbys verpflichtet. Sie ist maximal unabhängig, nutzt diese Neutralität aber nicht für eine Berichterstattung, die aufklärt und informiert, sondern sie ist höchst eigennützig und parteiisch und berichtet nur so, wie sie meint, am besten zu verkaufen. Um Stimmung zu erzeugen, wird manches so lange ausprobiert, bis es anschlägt, anderes wird wieder verworfen. Gelegentlich macht die BILD sogar gemeinsame Sache mit ihren einstigen politischen Gegnern, die dann als Kolumnisten bei ihr auftauchen. Ob es Alice Schwarzer ist oder Oskar Lafontaine, die meisten Prominenten haben begriffen, dass sie besser mit der BILD kooperieren, als sich der unberechenbaren Macht auszuliefern, die die BILD auszuüben vermag, wenn sie die Gunst des Blattes eines Tages verlieren.

Und hat die BILD etwas gefunden, von dem sie weiß, dass es die Menschen interessiert, dann schlägt sie gnadenlos zu und berichtet so lange, bis der Wissensdurst ihrer Leser befriedigt ist.

Dass dabei Existenzen zerstört werden, dass die Grenze zwischen erfundenen Geschichten und Wahrheit oft absichtlich überschritten wird und die Opfer auch Jahre, nachdem über sie berichtet wurde, unter den Folgen leiden, ist die Kehrseite der Medaille, für die sich keiner wirklich interessiert. Die Sensation rechtfertigt ihre Besprechung und deshalb gibt es für Diekmann und Konsorten auch keine Grenze, vor der sie zurückweichen würden.

BILD-Lesungen

Es war mir klar, dass sich mit einer Lesung, die die BILD-Zeitung als Thema hat, zwar ein neues Feld auftun würde, denn der aktuelle Bezug und die damit entstehende unübersichtlichere Bandbreite an Themen machte meine Position angreifbarer, gleichzeitig aber wusste ich nicht, ob die BILD-Kritik der 1970er noch zeitgemäß war und man im Zeitalter privater TV-Sender und neuer Medien nicht eine vollkommen andere Herangehensweise finden musste. War die BILD damals noch einzigartig in ihrer reißerischen Machart, so gibt es heute eine Vielzahl von Fernsehsendern und Boulevardblättern, die mit der BILD darum konkurrieren, extrem zu sein. Außerdem hat die BILD niemals den Anspruch vertreten, eine seriöse Zeitung zu sein. Dennoch steht die BILD stellvertretend dafür, wie man auch heute noch mit verhältnismäßig einfachen Mitteln Meinung beeinflussen kann.

Aber genau das war der Reiz an der Sache. Anhand des Beispiels der BILD-Zeitung konnte man vielleicht sogar auf die anderen Aspekte eingehen und eine Verbindung herstellen. Vielleicht wäre es sogar möglich, einen roten Faden zu den vorhergegangenen Programmen zu finden. Im Idealfall könnte ich meine Argumentation für den Umgang mit den Hinterlassenschaften der Geschichte mit der Analyse unserer Wahrnehmung der zum Teil weitaus schädlicheren Einflüsse der Gegenwartsmedien verbinden. Ich nahm mir für meine Lesungen vor, Ausschnitte aus der täglichen BILD-Zeitung vorzutragen und sie zu kommentieren, ohne weder Titel noch Inhalte zu kennen, das heißt, ohne mich darauf irgendwie vorzubereiten. Ich wollte auf diese Weise versuchen, in meinen Kommentaren noch näher an meine Intuition zu gelangen. Ich erhielt also allabendlich einen verschlossenen Umschlag, den ich erst auf der Bühne und vor Publikum öffnete, um mich dem Erlebnis einer Assoziationsreise durch die BILD auszusetzen.

Im Grunde genommen einfach, aber doch unendlich kompliziert. Denn abgesehen davon, dass es nicht leicht ist, vor einem erwartungsvoll gespannten Publikum zwei Stunden zu improvisieren, war es für mich an keinem Abend einschätzbar, worüber ich eigentlich sprechen würde und was ich tun würde, wenn an einem Tag einmal nicht die spannendste Zeile oder das aktuellste Thema auf der Titelseite der BILD prangen würde. Könnte ich auch einen ganzen Abend nur über Boulevardthemen sprechen? Wie würde ich die Verbindung zu meinem Anliegen, der Auseinandersetzung mit Auswirkung und Funktion totalitärer Strukturen in unserer Gegenwartsgesellschaft, herstellen und dabei die Fäden der Dramaturgie des Abends in der Hand behalten können, wenn doch der wesentliche Inhalt, nämlich mein Text, fremdbestimmt war und ich keinen Einfluss auf seine Auswahl und Anordnung nehmen konnte? Ich stellte schon bald fest, dass meine Sorge unbegründet gewesen war und mir zu den täglichen Schlagwörtern immer etwas einfiel.

Die BILD-Lesung wurde erneut zu einem großen Erfolg und sie sorgte vor allem auch dafür, dass neue und jüngere Zuschauer in meine Vorstellungen kamen. Waren die Lesungen aus »Mein Kampf« und der »Sportpalastrede« noch mit dem unangenehmen Blick auf die eigene Vergangenheit und der indirekten Frage nach der eigenen Schuld behaftet, so ging es jetzt um ein Thema der Gegenwart, bei dem man sich einig darüber sein konnte, wo die gemeinsamen Identifikationspunkte lagen.

Die BILD-Zeitung war ein idealer Gegner, denn es gab viele, die sie nicht mochten. Und dass man etwas gegen die BILD-Zeitung sagt, ist immer noch besser, als dass man die Neigung der Deutschen zu Nazis hinterfragt.

Natürlich hat sich mit dem zunehmenden Erfolg meiner Lesungen insgesamt auch die Zusammensetzung des Publikums verändert und ich kann nicht ausschließen, dass manch einer nur deshalb kommt, weil er mich ab und zu fluchen hören will. Das dürfte aber nur auf die wenigsten zutreffen, denn wer hat in unserer schnelllebigen Zeit schon Zeit, sich zwei Stunden einem Programm auszusetzen, um drei, vier Sätze mit Flüchen zu hören?

In der Phase der BILD-Lesung schien es diese Mischung aus einfachen und schweren Themen gewesen zu sein, die mir den Zugang zu sehr unterschiedlichen Zuschauerschichten ermöglicht hat.

Hatenight 2008–2010

Parallel zu den laufenden Aufführungen auf der Bühne schwebte mir seit Langem schon eine Idee vor, wie ich meine Beschäftigung mit den Mechanismen der Propaganda, der Manipulation von Meinung und deren ironischer Zurschaustellung auf eine andere Ebene tragen könnte.

So war es ein dankbarer Zufall, dass ich im Frühjahr 2008 den Kölner TV-Produzenten Ulrich Otto kennenlernte und mit ihm an einem Konzept für eine Internet-Show arbeiten konnte. Wir nannten das Projekt »Hatenight«, weil es zum einen wie eine klassische Late-Night-Show wirken sollte, zum anderen aber auch das komplette Gegenteil davon war.

Die »Hatenight« war vor allem ein Experiment, bei dem wir uns immer wieder aufs Neue gefragt haben, wie weit man gehen kann, um Meinung abzufragen, sie zu bestätigen oder sie zu konterkarieren. Die »Hatenight« sollte ein Filtrat der Realität sein, aber sie sollte zugleich auch ein Spiegel meiner eigenen Seele sein.

Dafür entwickelten wir ein Format, in dem ich frei schalten und walten konnte. Es gab weder inhaltliche noch sonstige Vorgaben, an die ich mich zu halten hatte. Das Einzige, worum es uns ging, war, dass wir jede Möglichkeit ausprobieren wollten, anders zu sein und mit den Gewohnheiten unserer Zuschauer zu brechen.

Wir versuchten, eine vollkommene Unabhängigkeit von Struktur und Erwartung zu erreichen, indem wir uns auch bei der Vorbereitung der Sendung treiben ließen und uns so mehr und mehr an die intuitive Substanz unserer Aussagen und damit an den Kern vortasteten. Es ging vor allem darum, sich nicht im Vorhinein einer Selbstzensur auszusetzen und darüber nachzudenken, was den Zuschauern gefällt oder nicht.

Im Vordergrund sollte unsere Neugier stehen, mit den Formen und Möglichkeiten zu experimentieren. Und so stellten wir die einzelnen Teile der Sendung immer wieder um, bauten Improvisationen ein und fügten geschriebene Texte hinzu. Daraus entstand eine wilde Mischung aus Stand-up, Kommentar und Theaterstück.

Einen wesentlichen Anteil am Erfolg dieser Arbeit hatte auch der Autor Michael Krause, den ich durch Ulrich Otto kennenlernte. Michael verstand es auf einzigartige Weise, das aus mir herauszuholen, was ich bisher übersehen hatte. War ich bei meinen Ideen zu einseitig und festgefahren, so lieferte er mir den entscheidenden Gedanken, weiterzudenken und vielleicht sogar das zu tun, was ich mir selbst in diesem Moment nicht zugetraut hätte, weil es nicht zu meinem Selbstbild als Host der Show passte. Meiner Ansicht nach war ich als Moderator der Vermittler zwischen mir und dem Publikum. In Michaels Sicht aber war diese Position überhaupt nicht relevant.

Michael war vor allem der Meinung, dass man den traditionellen Standpunkt der Fürsprache für die eigene Meinung auflösen sollte und selbstbewusster agieren müsse, egal, in welche Richtung man denke. Das konnte auch bedeuten, dass man eine vollkommen fremde Meinung vertrat. Solange klar blieb, dass man aus einer Rolle heraus agierte, so lange würde dieser Perspektivwechsel funktionieren und sogar neue Möglichkeiten eröffnen. Das war zugleich ein ungeheuer spannender, aber auch gefährlicher Gedanke.

Sollte ich mich noch mehr von meiner bisherigen Herangehensweise, stets deutlich zu machen, wo ich selbst stehe, was mich von der Rolle unterscheidet und was ich wirklich denke, lösen und mich darauf verlassen, dass mein Publikum meine Absichten auch ohne Relativierung versteht? Damit würde ich auch noch mehr Missverständnisse in Kauf nehmen. Wie würde ich mich dafür rechtfertigen können? Aber war das überhaupt wichtig? Und widersprach es nicht meiner eigenen Auffassung von der Freiheit der Kunst, mich erklären zu wollen?

Ist der Wunsch danach, das Publikum in eine bestimmte Richtung zu lenken, nicht eine ebenso einschneidende Manipulation wie die, die sich in allen Systemen findet, die ich zuvor untersucht hatte? Sollte ich mich nicht mit dem Gedanken anfreunden, dass mein Publikum mündig und aufgeschlossen genug wäre, keiner Anleitung zu bedürfen, wie es meine Aussagen zu verstehen hätte? Oder wäre das nur eine Ausrede, um nicht in Kauf zu nehmen, dass man selbst mit guten Absichten Unheil anrichten kann und auch als Künstler eine Verantwortung für den Empfänger der Botschaft hat?

In einem zentralen Stadium unserer Brainstormings kam schließlich die Frage danach auf, wie man die Wut über das Ausgeliefertsein an unsichtbare Diktaturen, die alltägliche Ungerechtigkeit und den Wahnsinn der Fremdbestimmung komprimiert, massentauglich und punktgenau kanalisieren könnte, ohne ins Theoretische zu verfallen oder allzu sehr erklären zu müssen. Wir waren alle unterschiedlicher Meinung.

Während Ulrich den bisherigen Weg weitergehen wollte und vorschlug, weiter an der Rolle und ihrer Inszenierung zu feilen, bevorzugte Michael einen theoretischeren Ansatz und wollte zunächst die psychologische Struktur der Figur untersuchen und festigen, ich wiederum wollte einfach nur machen und ausprobieren und dann sehen, wo wir damit landen würden.

Ulrich ging davon aus, dass man ein Format entwickeln könne, das in Anlehnung an ähnliche Late-Night-Shows nur wenige Änderung bräuchte, um eigenständig zu funktionieren. Standardelemente wie Schreibtisch, Studiogast und Einspieler sollten erhalten bleiben. Andere hinzukommen. Michael war der Meinung, dass man noch mehr in Richtung eines statischen Vortrags gehen sollte, der mit den Sehgewohnheiten der Zuschauer bricht und die stereotypen Anordnungen einer konventionellen Fernsehshow zerstört. Ich war der Meinung, dass man so viel Erfahrung wie möglich sammeln sollte, um daraus zu wählen, was am besten funktioniert hat und was nicht.

Dass in allen dieser Ansätze ein Quäntchen Richtiges enthalten war, schien naheliegend, wir aber hatten uns verhakt und suchten dennoch eifrig nach einer patenten Lösung.

Und so sammelten wir zunächst die Themen, die uns beschäftigten, und versuchten, sie in eine Ordnung zu bringen. Wir erörterten technische Möglichkeiten und probierten unterschiedliche Konstellationen. Mal moderierte ich im

Sitzen hinter einem Schreibtisch, ein anderes Mal stand ich vor einem Greenscreen, wir drehten mit mehreren Kameras oder aber auch nur mit einem Smartphone und mischten sogar alle Elemente, bis wir am Ende feststellen mussten, dass auch wir uns nur schwer von den Denkmustern lösen konnten, die sich im Laufe der Jahre in unsere Seh- und Hörgewohnheiten eingeschlichen hatten.

Am Ende landeten wir bei einem billigen Abklatsch jener TV-Sendungen, die wir selbst nicht mochten, nur mit dem Unterschied, dass wir allein schon durch unsere beschränkten Mittel sie nicht hätten besser machen können. Wir waren viel zu verkopft und theoretisch. Unsere Ideen waren aus dem Affekt entstanden, etwas besser machen zu wollen, aber wir wussten nicht, wie das funktionieren sollte. Es war anmaßend, zu glauben, dass es so einfach sein könnte, eine TV-Sendung auf die Beine zu stellen, die es bisher noch nicht gegeben hatte.

Kreative Autofahrten

Frustriert von dieser ergebnislosen Auseinandersetzung verließ ich eines Abends das Studio und fuhr nach Hause. Mir schwirrte von unseren ganzen Debatten noch einiges im Kopf herum und mir fiel noch manches zum Thema ein, das ich gerne losgeworden wäre, und so wollte ich, weil ich in der Situation auch nicht schreiben konnte, in einem kurzen Handyfilm meine Gedanken aufzeichnen und sie den beiden als Anregung schicken.

Ich ließ also die Kamera meines Smartphones laufen und fing einfach an, über all das zu sprechen, was mir durch den Kopf ging. Und wie ich, immer noch leicht gereizt, im leeren Auto vor mich hin schimpfte und räsonierte, merkte ich plötzlich, dass ich in meinem Kopf all die Themen, über die wir in den letzten Tagen gesprochen hatten, komprimiert abgespeichert und in einer neuen, unterhaltsamen Fassung zusammengesetzt hatte. Mein frei gesprochener Kommentar wurde zu einer Mischung aus ironischem Stand-up und ernsthaftem Statement, ohne dass ich dabei ein Blatt vor den Mund genommen hätte. Die »Hatenight« war geboren.

Die Reaktion von Ulrich und Michael war überwältigend. Wir hatten endlich einen Weg gefunden, einfach und effektiv zu arbeiten. Zugleich war das Ganze ungewöhnlich und neu. Jenseits von Political Correctness und moralischen Vorbehalten sprach ich von nun an während der Autofahrten meine Gedanken ins Telefon und schickte sie anschließend den beiden zur Begutachtung. Der Aufwand, ein Studio, Kameras und Technik zu organisieren, entfiel.

Ab diesem Zeitpunkt mussten wir uns nur noch vor der Aufzeichnung meiner Monologe zusammensetzen und über alles Mögliche sprechen, damit ich anschließend auf der Rückfahrt nach Hause das Besprochene als Handyvideo wiedergeben konnte.

Dieses Video wurde mehr und mehr zum zentralen Element der Show ausgebaut. Und plötzlich fügten sich auch die übrigen Elemente in die Show ein, sodass wir am Ende die vollständig neue Form einer Internetshow hatten, bei der sowohl unser Inhalt als auch die Machart so ungewöhnlich waren, dass die »Hatenight« innerhalb nur weniger Wochen zu einem Zuschauermagneten wurde und das Interesse an unserer Sendung und somit auch unser Publikum sich innerhalb kurzer Zeit vergrößerte.

Die »Hatenight« war jetzt eine Nachrichtensendung, ein Kommentar und ein Theaterstück in einem. Der Host war manchmal unsichtbar, manchmal aber auch als Animation im Bild, die Themen konnten tagesaktuell sein, aber auch allgemein bleiben, meine Ansprache konnte sich an einen unsichtbaren Empfänger richten, manchmal aber auch an niemanden, oft waren es auch nur Selbstgespräche.

Die Texte wurden unabhängig von ihrer Wirkung auf den Zuschauer gesprochen: Sie waren Improvisationen auf die Frage, was wäre, wenn der Verstand sich auf den Diskurs über das Unaussprechliche so lange einlassen würde, bis der Indikativ die Notbremse zieht. Die »Hatenight« war ein Stück Anarchismus im Paralleluniversum der scheinbar unbegrenzten Möglichkeiten des Internets und die Zuschauer spürten schnell, dass wir diese Freiheit gänzlich ausnutzten.

So erreichten wir nach nur einem Jahr die unglaubliche Zahl von einer Million Abonnenten auf YouTube. Und hätte man uns nicht aufgrund der collagenartig in meinen Monolog eingebauten Ausschnitte aus Splattermovies und pornografischen Bildern des Verstoßes gegen den Jugendschutz bezichtigt und all unsere Videos samt Abonnenten gelöscht, so wäre die »Hatenight« sicherlich auch heute noch eines der erfolgreichsten Internetformate, die es bisher gegeben hat.

Die Löschung unserer Videos und unserer Abonnenten war ein herber Rückschlag. Schließlich hatten wir bis dahin ohne großen finanziellen Aufwand und mit einfachen Mitteln ein möglichst großes Publikum erreichen können. Wir mussten also neue Wege finden, um unsere Sendung zu verbreiten und zugleich die Inhalte entschärfen. Vor allem aber brauchten wir eine neue Plattform für unsere Show.

Wir versuchten zunächst, einen eigenen Kanal aufzubauen, aber die Umstellung erwies sich als nahezu unmöglich, denn die vorhandenen Portale, wie YouTube und Vimeo, sind zu sehr etabliert, als dass man mit ihnen konkurrieren könnte. Und so konnten wir trotz aller Versuche, mit unserer »Hatenight« einen neuen Platz zu finden und weiter an unserer Idee einer anarchistischen Internetshow zu arbeiten, den Erfolg nicht wiederholen.

Als Ulrich im Frühjahr 2009 auch noch schwer erkrankte und seine Arbeit bald darauf aufgeben musste, war das Ende unserer fruchtbaren Zeit besiegelt. Wir stellten bald darauf die Sendung ein. Die »Hatenight« aber und die gemeinsame Zeit mit Ulrich und Michael blieb für mich eine kurze und spannende Phase der vollkommen freien Suche nach einem neuen, künstlerischen Weg. Etwas, das ich danach in dieser Form so nicht wieder erlebt habe. Ich bin dankbar dafür, dass ich mit Ulrich und Michael diese wunderbare Zeit teilen durfte.

Vor allem aber hat sich diese Arbeit auf meine folgenden Projekte ausgewirkt: Meine Auto-Monologe, die nichts anderes waren als kurze Ausflüge durch meine Intuition, wurden Teil meines nächsten Bühnenprogramms, dessen Titel sich sogar an diese Erfahrung anlehnt.

Hassprediger 2010–2013

Ich habe nach der Phase der »Hatenight« eine vollkommen andere Sicht auf meine Rollen gewonnen. Bis dahin stand für mich immer fest, dass ich gegen Ungerechtigkeit agiere. Ich war, egal, wie sehr ich mich davon entfernte, es zu formulieren, immer ein Anwalt der Opfer. Weil mir das als Teil eines unsichtbaren Ethos' meiner Bühnenfiguren erschien, den ich zu bewahren hatte.

Nach und nach hatte ich mich aber bei meinen Auto-Monologen ungehemmt in die Täterrollen versetzt und festgestellt, wie reizvoll es sein konnte, aus dem Schema des Anwalts der Opfer auf die Seite der Schuldigen zu wechseln.

Ich hatte, ohne es zu merken und aufgrund von Michaels damaliger Anregung, einen Weg gefunden, mich paradoxerweise auf der Seite zu positionieren, auf der man mich nicht erwartet hätte: als Fürsprecher für die Intoleranz, die Ungerechtigkeit und die Unterdrückung. Ich argumentierte plötzlich nicht mehr für den richtigen Denkansatz, sondern ich demonstrierte die Funktionstüchtigkeit des Falschen.

Ich nahm dabei auch keine Rücksicht auf die Kennzeichnung der Metaebene, auf der ich mich bewegte. Die anfängliche Mischung aus Kabarett, Lesung und Kommentar mutierte zu einer Rolle, die eigenständig sprach und unberechenbar war und immer wieder überraschte.

Der »Hassprediger«, wie ich meine Rolle nannte, war ein kleinbürgerlicher Spießer mit schlauen Gedanken. Einer, der alles weiß und erst im planlosen Sprechen über Dinge ihre Hintergründe versteht. In diesem ungehemmten Diskurs mit sich selbst wird zugleich ein Prozess in Gang gesetzt, bei dem vorher nicht feststeht, in welche Richtung er geht und wo er letztendlich landet.

Der »Hassprediger« kann zu allem eine Meinung haben, aber seine Meinung kann auch zu allem gleich sein. Er ist der ultimative Verschnitt aus Fürsprecher, Ankläger, BILD-Zeitungsleser und mir selbst.

Hinter dem, was der »Hassprediger« spricht, kann auch ich mich verbergen oder sichtbar sein. Es können aber auch nur Teile meiner tatsächlichen Ansichten sein, die ich mit den Meinungen anderer mische. Es gibt keine Vorgabe dafür, wann der »Hassprediger« und ich einer Meinung sein müssen. Manchmal gibt es Schnittpunkte, manchmal sind die Meinungen deckungsgleich, manchmal sind wir auch meilenweit voneinander entfernt.

Ich entwickelte also eine Figur, die nicht einordbar sein sollte. Ein Sprachrohr für das Unaussprechliche in uns. Der »Hassprediger« sollte möglichst nah an unserer Wut sein, aber auch an unserer Sehnsucht, an unseren einsamen Momenten und denen, in denen wir lautstark protestieren. Ein Engelchen-und-Teufelchen-Prinzip, übersetzt in eine Figur, deren Beweglichkeit und Wirkung von der Aufnahmefähigkeit des Rezipienten abhängig ist.

Denn versteht man nur das, was der »Hassprediger« an der Oberfläche sagt, dann gelangt man nicht dorthin, wo er selbst manchmal landet: beim Unaussprechlichen oder beim Ungeheuren, beim Verborgenen oder in der dunklen Seite in uns. Lässt man sich nur auf die Empörung ein oder setzt man sich darauf, dann transportiert sich die Aussage des »Hasspredigers« nur bis zu dem Punkt, an dem man vorher schon war. Er wird zum Bestätiger und nicht zum Erforscher der Seele.

Ich musste also nicht nur selbst immer näher an den Rand meiner Intuition, sondern auch das Publikum sollte sich dieser Intuition immer mehr überlassen. Frei von jeglicher Selbstbeobachtung und jeglichem Anstand, frei von jeglicher Angst, dabei gesehen zu werden, und frei von Political Correctness.

Um dieser Fallhöhe Ausdruck zu verleihen, hatte ich mir bei der Premiere der ersten Fassung in den Berliner Wühlmäusen im Frühjahr 2010 noch vorgenommen, fremde Texte in meinen komplett frei gesprochenen Monolog einzubauen. Ich wollte dabei von Scientology-Predigten, literarischen Texten, Werbung bis hin zu Ausschnitten aus Parteiprogrammen sämtliches Material einbinden, ohne den Zuschauern zu erklären, wann und wo ich die Zitate einstreute. Das Programm erhielt daher zunächst den Untertitel »Ein demagogischer Blindtest«.

Mein Ziel war es, allein durch die Haltung der Figur, die ich spielte, blinde Zustimmung zu erzeugen, egal, worüber ich sprach, unabhängig davon, was das, was ich sagte, bedeutete und woher es vielleicht entnommen war. Es sollte, anders als bei den bisherigen Programmen, nicht mehr wichtig sein, dass ich in einem vorgegebenen Kontext sprach und meine Haltung dahinter erkennbar blieb. Es sollte nur noch um die Frage gehen, ob ich den Hitler in mir und sein Volk in den Zuschauern zum Leben erwecken konnte.

Eine Art kollektiver Rausch aus hemmungsloser Unterhaltung sollte entstehen, an dessen Ende sich das Publikum im Idealfall fragen sollte, was eigentlich passiert war. Eine perfekte Demonstration der Verführbarkeit der Massen und der Eigendynamik solcher Konstellationen.

Ein Vorbild für diese Art der Darstellung waren damals unter anderem die Fernsehprediger in den USA. Der Duktus, die Umgebung einer Glaubensgemeinschaft und die Inszenierung schienen mir perfekt geeignet für die Umsetzung meiner Idee. Aber auch die Austauschbarkeit der Aussagen und das Spiel mit den Bedeutungen passten gut.

Ich wurde zum Prediger und Erlöser. Ich erklärte mich zum Propheten und Gott in Personalunion und meine Verkündung lautete jetzt nicht mehr, wie kläre ich auf, sondern wie verkläre ich die Aufgeklärten. Es ging nicht mehr darum, mein Publikum in Schutz zu nehmen, sondern es schutzlos meinen Beleidigungen auszusetzen. Mein neues Motto lautete: Jede Minderheit hat das Recht auf Diskriminierung.

Meine Rolle sprach aus mir und sagte Dinge wie ich sei es satt, immer nur das Opfer zu sein. Ich wolle endlich selbst Täter sein. Ich wolle austeilen und nicht mehr einstecken, ich könne das larmoyante Gefasel von »Schuld sind immer die anderen« nicht mehr hören. Ich wolle selbst schuldig sein. Denn Schuld bedeute Verantwortung und diese wolle ich tragen. Aus meiner Sicht war das die gerechte Quintessenz all meiner bisherigen Erkenntnisse. Die Zuschauer jubelten mir zu.

Gerecht konnte ich erst dann sein, wenn die Beleidigungen gleichmäßig verteilt worden waren. Es durfte keinen Unterschied mehr geben zwischen den Randgruppen, die man bevorzugt, und dem Mainstream, den man benachteiligt. In der Beleidigung waren sie alle gleich. Indem wir die Macht übernehmen, zu entscheiden, wen wir beleidigen und herabsetzen, nehmen wir auch denjenigen, die sonst das Monopol besitzen, andere zu erniedrigen und ihre Existenz in Frage zu stellen, ihre wichtigste Waffe.

Es geht nicht mehr um den Nazi, der Nazi wird, weil er sich außerhalb unserer Normen und Konventionen verhält, sondern es geht nur noch darum, ein besserer Nazi zu sein als der Nazi selbst. Indem wir die Macht über unsere Empfindlichkeiten wieder in die Hand nehmen, entschlüsseln wir das Genom unserer Anfälligkeit für Diktaturen.

Und nicht nur der Nazi wird so entwertet. Ebenso ergeht es jeder extremistischen und fundamentalistischen Weltanschauung, die immer sich und ihre Auffassung über die anderen stellt und die wir jetzt durch die Umkehrung des Koordinatensystems unserer Werte an den unteren Rand der Skala drängen, wo sie unfähig ist, sich mit ihren Parolen in unser Bewusstsein zu schleichen, und dort für Unordnung sorgen.

Wir verlieren in gewisser Weise die Angst vor dem Extremen, indem wir selbst extrem sind, wir verlieren den Schrecken vor dem Grausamen, indem wir lernen, selbst grausam zu sein. Ein patentes Prinzip gegen die Denkhoheit der Demagogen und ein unendlich wichtiger Baustein in der Frage um die richtige Haltung im Umgang mit dem Ungeheuerlichen. Applaus.

Experimente

Der »Hassprediger« sprengte meine Denk- und Spielgrenzen. Aber nicht nur meine. Die Zuschauer schienen sich vor allem auf das Experiment einlassen zu wollen, dass es keine ultimative Instanz mehr gab, die sie durch den Abend leitete und ihnen vorgab, wann sie zu lachen hatten und wann nicht, sondern dass das Ergebnis unserer Überlegungen offen war und wir gemeinsam an das Ziel unserer Arbeit kommen mussten.

Es gab keinerlei Fallstricke und keine demagogischen Tricks, nur unser eigenes Gewissen und die Entscheidung darüber, ob wir mitmachen oder aussteigen. Es war nichts Vorgesprochenes mehr, was ich anbot, sondern wir dachten gemeinsam etwas durch. Ein »Was-wäre-wenn«-Szenario, das nur dann funktionieren konnte, wenn beide Seiten frei von Vorbehalten und Ängsten sich darauf einließen.

Und trotzdem blieb jedem dabei klar, dass es sich um eine fiktive Angelegenheit handelte, bei der es nicht wirklich darum ging, Menschen zu kränken, sondern vielmehr zu lernen, mit Kränkung umzugehen und sie unbeschadet zu überstehen. Die Stimmen der Mahner, dass man es darauf anlegen konnte, mein Programm zu missbrauchen, um tatsächliche Intoleranz zu kaschieren, blieben in der Minderheit und mittlerweile hatte sich die Idee so sehr etabliert, dass auch die letzten Zweifler überzeugt davon zu sein schienen, dass man mit einer guten Absicht unmöglich so viel schlechten Aufwand betreiben kann, ohne es besser zu meinen.

Die Veranstaltung entwickelte sich und gewann von Mal zu Mal an Eigendynamik. Bald schon reichten die ursprünglichen Veranstaltungsorte nicht mehr aus und wir mussten in größere Hallen umziehen. Eine Art von vollkommener Freiheit des Denkens, des Urvertrauens in die Intuition und die flexible Perspektive des Protagonisten flimmerte in den Köpfen der Zuschauer. Und spornte sie dazu an, die Gedanken weiterzuführen. Egal, ob alt, ob jung, ob Deutscher oder Ausländer, die Menschen strömten in meine Vorstellungen und sie hingen an meinen Lippen, als sei ich ihr Erlöser. Sie spielten das Spiel mit. Und sie waren dankbar dafür, dass ich es erfunden hatte.

Das Publikum und ich, wir stellten uns vor, Angehörige einer Religionsgemeinschaft zu sein, deren fiktives Oberhaupt ich als der einzige wahre Hassias auf Erden war. Wir durchdachten zusammen den Irrsinn der Verführung und wir ließen uns auch auf die Lust an der Erniedrigung ein. Wir schwelgten und wir schwärmten und wir erfuhren am eigenen Leib, was es bedeutet, sich in einen Zustand wahnhafter Überzeugung zu steigern. Und gleichzeitig wurden wir nachdenklich, weil hinter jedem Satz und jeder Pointe, die wir spielerisch zugelassen hatten, auch die grausame Wahrheit lauerte, dass andere wirklich an das glaubten, was wir uns nur ausgedacht hatten.

Jeder Abend für sich war ein einzigartiges Erlebnis und ich bin froh und glücklich, dass ich die Möglichkeit hatte, vor so vielen unterschiedlichen Menschen spielen zu dürfen. Ich bin mir dessen bewusst, dass jeder Zuschauer ein einzigartiger und wertvoller Mensch ist, der an diesem einen Abend, an dem wir uns treffen, seine Sehnsüchte, seine Erfahrungen und seinen Lebenskontext mitbringt und sich aussetzt. Mit dieser kostbaren Sache umzugehen, ist nicht einfach.

Manchmal ufert die Erwartung auf beiden Seiten aus und verwandelt sich in Enttäuschung, manchmal vereinen sich die Wege auf eine seltsame Weise. In solchen Momenten entsteht etwas Magisches zwischen den Zuschauern und mir. Etwas, das nicht zu vergleichen ist mit dem, was wir im alltäglichen Leben erfahren. Etwas Transzendentes und zugleich Urmenschliches. Das Zusammensein und die Loslösung von Zeit und Raum und der Zugang zu einer Ebene, die wir alle in uns kennen.

Das Theater wird zu einem Ort, an dem wir unsere Ängste und unsere Hoffnungen teilen können, und für einen kostbaren Augenblick zu einem Platz, an dem wir uns nicht mehr einsam fühlen müssen.

Ich bin seit diesen vielen Aufführungen des »Hasspredigers« mehr als je zuvor der festen Überzeugung, dass gerade das Theater ein Ort ist, an dem man diese Gefühle teilen kann. Ich glaube sogar, dass es keinen besseren Platz geben kann als das Theater, um diese Dinge zu besprechen, und ich versuche, mir jeden Augenblick meiner Verantwortung bewusst zu sein, während ich auf der Bühne stehe, diesen Menschen, die zu mir kommen, etwas von dem zurückzugeben, was sie mitgebracht haben.

Zweifelsohne war diese Phase mit dem »Hassprediger« ein rauschhaftes Erlebnis für beide Seiten und es wurde für mich von Vorstellung zu Vorstellung schwieriger, mit meinen Energien hauszuhalten. Denn dadurch, dass ich jeden Abend frei spielte und auch das Publikum nicht wusste, was auf es zukommt, erzeugte ich zwar bei jeder Aufführung eine einzigartige Atmosphäre, gleichzeitig war dieser Aufwand aber so kräftezehrend für mich, dass ich wesentlich mehr Regenerationszeit brauchte als bisher bei meinen Programmen.

Ich beschloss, eine Pause einzulegen, und verkündete, dass der »Hassprediger« mit Ende der Tour 2013 sterben würde. Den eingeschlagenen Weg wollte ich aber auf jeden Fall weitergehen und meine Neugier darauf, was ich noch alles anstellen könnte, war größer als je zuvor.

Zurück zur Musik und
H2 Universe 2013 bis heute

Einige Monate bevor ich mit den »Hassprediger«-Shows aufhörte, hatte ich Kontakt zu dem Kölner Musikproduzenten André Fuchs. Zusammen hatten wir einige Tracks für eine Fernsehsendung aufgenommen, in denen ich als Hip-Hopper Scheiss T. Gangsta-Rapper parodierte. Die Arbeit an diesen Tracks und den dazugehörigen Videos hat in mir die Lust geweckt, mehr als 25 Jahre nach Abschluss meines Musikstudiums wieder ein Musikalbum aufzunehmen und als Musiker auf der Bühne zu stehen.

Ich habe nicht geahnt, wie schwer dieser Schritt für mich, aber vor allem auch für mein Publikum sein würde, wie viel Hass und Wut mir entgegenschlagen würde und dass ich auch bei diesem Abstecher wieder bei meinen ursprünglichen Themen landen würde.

Gangsta-Rap

Schon im Vorfeld merkte ich, dass Hip-Hop und Gangsta-Rapmusik, mit denen ich mich bis zu diesem Zeitpunkt nicht sonderlich beschäftigt hatte, ein weites Feld sind mit extrem ausgeprägten Befindlichkeiten der unterschiedlichen Fangruppen.

Übertriebener Personenkult um die Protagonisten beherrscht die Szene, ebenso wie der Wettbewerb um die harscheste Kränkung des verhassten Gegenübers. Auch unter der Annahme, dass es sich um ein Spiel handelt, sind die Gesten und der Habitus, mit denen agiert wird, angsteinflößend und sollen klar dazu dienen, den anderen einzuschüchtern.

Im Gegensatz zur Fiktion meines Bühnenprogramms allerdings nehmen sich die Beteiligen in diesem Spiel sehr ernst und glauben fest an ihre Vorbilder. Widerspruch wird ebenso wenig geduldet wie die Hinterfragung der Gewohnheiten. Hip-Hop ist ein rigides System aus Regeln.

Die Texte sind voller Stilblüten, die auf die orthografischen Unzulänglichkeiten ihrer Verfasser hinweisen, und auch wenn einige dieser Künstler mittlerweile im Feuilleton angekommen sind, ist dieser Umstand eher der mangelnden Auswahl an Alternativen als der tatsächlichen Qualität der Erzeugnisse geschuldet.

Auch musikalisch bewegt sich deutscher Gangsta-Rap im eher dürftigen Bereich zwischen gekauften Beats und gebastelten Arrangements. Selten eine Abweichung vom Schema, selten eine Innovation oder etwas Unerwartetes. Vieles bleibt vorhersehbar und redundant. Vor allem fehlt dem deutschen Gangsta-Rap die Seele.

Während die amerikanischen Rapper aus der politischen Bewegung der 1968er stammen und von Martin Luther King und Malcom X beeinflusst wurden, ist der Hintergrund der deutschen Rapper, auch wenn sie sich auf die Hip-Hop-Stereotypen ebenjener amerikanischen Idole berufen, oft eine kleinbürgerliche Idylle und ein erschreckend unpolitischer Anspruch.

Die schwarze Bevölkerung in den USA hatte den Hip-Hop als Ausdruck für ihre seit Jahrhunderten unterdrückte Wut gegen die Rassendiskriminierung entdeckt und spuckte sie in wilden Lines auf den Asphalt der Straße. Die Beschimpfung und der entsprechende Habitus zeigten den Mut zum Aufstand.

Der Flow eines Snoop Dog bleibt im Vergleich zu den Tiraden eines Bushido immer noch die Kathedrale in der Rap-Historie, während es bei Bushido gerade mal für die Dorfkapelle in der Musikgeschichte reicht.

Die deutschen Gangsta-Rapper befassen sich am liebsten mit dem Bild, das sie gerne von sich selbst hätten, während die meisten US-Rapper tatsächlich mehrjährige Haftstrafen hinter sich haben, weil sie wegen Drogenhandel und Mord verurteilt wurden und von ihrer unmittelbaren Lebensrealität sprechen.

Ausgrenzung, Rassenhass, Chancenungleichheit und Armut sind die Grundlagen der wutentbrannten Texte der amerikanischen Vorbilder, während die deutschen Parodisten Ähnliches nur aus ihren Lieblingsserien und -filmen kennen. Selbst der verhältnismäßig arrivierte französische Rap eines MC Solar zeigt mehr Klassenkampf auf den Straßen von Paris. Dagegen wirkt deutscher Rap wie eine Butterfahrt in der Umgebung von Berlin.

Jede Musik ist immer so glaubwürdig wie ihre Herkunft und jedes Image entlarvt sich, wenn man es nur mühsam aufrechterhalten kann, besonders, wenn es erfunden ist.

Bushido

Das wohl beste Beispiel für diese Art stupider Selbstver-
marktung ist das des aus Berlin stammenden Gangsta-Rap-
pers Bushido, alias Mohammed Anis Ferchichi, der sich in
seinen Texten nicht selten gewollt schwulen- und frauen-
feindlicher, aber auch faschistoider Denkarten bedient und
diese anschließend bedarfsweise zur Kunst erklärt.

Angespornt von einer Fangemeinde, die seine Lebensge-
schichte bis zur Unkenntlichkeit verklärt, und einem daraus resultierenden Selbstbewusstsein, gibt sich Ferchichi,
der als Kind eines tunesischen Gastarbeiters und einer
Deutschen in Westberlin verhältnismäßig behütet aufgewachsen ist, als Fürsprecher der Unterdrückten und ran-
daliert in bester NPD-Manier gegen die politische Kaste,
gegen Kollegen, gegen Gott und die Welt, während er
bei Angriffen auf sich sehr empfindlich reagiert, obwohl
er stets Meinungs- und Kunstfreiheit für sich in Anspruch
nimmt.

Geadelt wurde Ferchichi durch eine von Bernd Eichinger
produzierte Kinoschmonzette, in der Ferchichi sich selbst
spielt und dabei schauspielerisch wie menschlich an seine
Grenzen stößt. Denn das inhaltliche, wie auch charakter-
liche Material ist bei Ferchichi leider mehr als dünn. Sein
Schaffen nährt sich nicht von der klugen Wut, sondern
von der dumpfen Rage. Er ist böse auf alles und irgendwie
immer stinksauer. Denn keiner versteht ihn. Und mindes-
tens alle falsch. Aber eigentlich braucht er auch keinen, der
ihn versteht.

Ferchichi hat es zu etwas gebracht. Und das, obwohl er
angeblich nur ein kleiner Arbeiterjunge war. Diese Verklä-

rung der eigenen Vita gepaart mit einer Allmachtsfantasie ist zugleich der Zugang zu Ferchichis primitiver Weltsicht. Damit zieht er Gleichgesinnte an wie das Licht die Motten. Die anderen sind schlecht und ich bin gut. Einfacher geht's nicht.

Vor allem aber fühlt er sich permanent verfolgt und will es allen zeigen. Wie ein wild gewordener Potenzpatient bellt er gegen jeden und alles, was ihm bedrohlich vorkommt. Mal will er der damaligen Bundesvorsitzenden der Grünen Claudia Roth einen 18-Loch-Golf-Platz in den Bauch schießen (aus: »Stress ohne Grund«, 2014), ein anderes Mal beleidigt er den bekennenden homosexuellen Berliner Bürgermeister Klaus Wowereit als »arschgefickte Schwuchtel« (ebd.).

Ferchichi, der für sein Œuvre auch schon den Burda-Bambi für Integration erhielt, leidet offensichtlich unter akuter Omniphobie und einer hoffnungslosen Selbstüberschätzung. Schlimmer noch: Er scheint tatsächlich zu glauben, dass die Wahrheit aus ihm spricht und singt, wenn er möglichst drastisch und anschaulich schildert, was er in Wirklichkeit nie erlebt hat.

Ferchichi ist ein armseliges Produkt einer Wohlstandsgesellschaft, er meint, in der Koketterie mit faschistischem Habitus einen Weg entdeckt zu haben, etwas Aufregendes zu leisten, und sorgt so dafür, im Gespräch zu bleiben, ohne zu merken, wie er sich dabei ständig selbst blamiert und sein kleinkariertes Denken in der Öffentlichkeit zur Schau stellt.

Besonders lächerlich wird es, wenn man sieht, wie Ferchichi auf der anderen Seite doch geliebt werden will und sich dafür sogar zum Anschauungsunterricht für staatsbürgerliche Mitbestimmung als Praktikant in den Bundestag einschleusen lässt. Dann sitzt er plötzlich in Anzug und Krawatte neben dem Innenminister und pariert. Anschaulicher kann die Lektüre für einen modernen Handlanger der faschistischen Ideologie nicht sein.

Ich wusste also, dass es eine Menge unausgesprochener Gesetze, aber auch ebenso viele offensichtliche Widersprüche im Gangsta-Rap gibt. Als ich ein paar Wochen später im November 2013 einen Jahresrückblick für das Hip-Hop-Internetmagazin »16bars« kommentieren sollte, ahnte ich jedoch noch nichts davon, wie empfindlich und überhitzt die Szene auf meine eher spontanen Statements reagieren würde.

Mir wurden einige Videos von Künstlern vorgespielt, von denen ich die meisten bis zu diesem Zeitpunkt nicht kannte. Ich sollte spontan sagen, was ich davon hielt. Motrip, Nazar, Haftbefehl, Money Boy. Ich hörte mir die jeweiligen Tracks an und gab meinen Eindruck wieder. Das meiste klang irgendwie bemüht, manches war besser, anderes schlechter. Geschmackssache.

Nach der Veröffentlichung meiner Kommentare entbrannte im Internet eine heftige Diskussion unter den unterschiedlichen Fangruppen, bei der ich abwechselnd beschimpft, gelobt, bedroht und bewundert wurde, je nachdem, aus welchem Lager der Betroffene kam. Ich hatte mir als Unwissender das Recht herausgenommen, die Größen der Branche zu kritisieren, und mir als Außenstehender ein Urteil angemaßt.

Abgesehen davon, dass es nie meine Absicht war, mich als Gangsta-Rap-Experte aufzuspielen, und ich zu der

Sache gekommen war wie die heilige Jungfrau Maria zum Kind, fand ich es äußerst interessant, festzustellen, dass es mitten unter uns eine Klassengesellschaft gibt, in der die Hierarchien und Zuordnungen derart streng und genau aufgeteilt sind.

Vor allem aber handelt es sich bei der Gangsta-Community um die humorloseste Gemeinschaft von Fetischisten, die ich je kennengelernt habe. Man nimmt sich sehr ernst. Und es geht um sehr viel. Gangsta-Rap ist nicht Musik, Gangsta-Rap ist Ideologie. Und zwischen den Anhängern der unterschiedlichen Ausläufer herrscht Krieg. Man fickt die Mutter des anderen, man schießt ihm in den Kopf, man beleidigt, vernichtet und verachtet ihn und gleichzeitig preist man seine eigene Größe. Man spricht von seiner Unbesiegbarkeit, der Einzigartigkeit, die man auf diesem Planeten hat, und die Potenz, über die man verfügt.

Ein Haftbefehl-Homie hat nichts übrig für Nazar, King Savas ist der Größte, Eko für Savas-Fans eine Schwuchtel, Sido ist old-school und Farid Bang irgendwo dazwischen. Die Etikettierungen sind klar und wer sich nicht daran hält, der wird zum Feind und zum nichts wissenden Dummschwätzer erklärt.

Vor allem aber verlangt man Respekt. Respekt für sich und seine Mutter. Respekt für seine Lebensleistung, Respekt für seine Realness. »Respekt« ist ein Schlüsselwort im Gangsta-Rap. Es ist das Gegenteil von Hurensohn, der totalen Respektlosigkeit vor seinem Gegenüber und den Erziehungsberechtigten seiner musikalischen Gegner.

Ich glaube, man muss nicht verstehen, was dieser seltsame Kodex bedeutet, aber es lohnt sich, ihn zu betrachten, denn er ist abermals ein Fallbeispiel für die Funktionstüchtigkeit unsichtbarer Diktaturen.

Erstes Album und Missverständnisse

Mein erstes Album sollte diese Erfahrung beinhalten und obwohl ich kein Rapper bin, sollten darauf auch Hip-Hop-Tracks enthalten sein. Ich wollte wissen, wie die Szene reagiert, wenn ein Fremder eindringt und sich, natürlich nicht ganz ernst gemeint, an den heiligen Gral der deutschsprachigen Rapmusik wagt.

Abgesehen davon sollten auf dem Album noch andere Tracks enthalten sein, die thematisch das Spektrum abdeckten, das ich auch bei meinem »Hassprediger«-Programm bediente. Es musste von der Nazi-Thematik bis zum Liebeslied also alles auf dem Album enthalten sein.

Wie sollte das gehen? Und welchen Stil sollte ich wählen? Death Metal, Punk, Rock, Free Jazz? Welcher würde zur Figur des Hasspredigers passen und musste die Musik überhaupt in eine ähnliche Richtung gehen? Konnte sie nicht vollkommen eigenständig sein oder würde ich damit die angestammte Klientel verprellen? Schließlich war der »Hassprediger« auch zu einem Image geworden.

Je mehr ich darüber nachdachte, desto klarer wurde mir, dass sich meine ursprüngliche Auseinandersetzung schon längst entfernt hatte von dem, was die Zuschauer daraus gemacht zu haben schienen. Für die meisten hatte ich offenbar die Erwartung zu erfüllen, besonders hart zu sein, kein Blatt vor den Mund zu nehmen und irgendwie krass zu sein. Mein Ruf als der »Typ«, der abwechselnd »Hitler« und »Fotze« sagt und hart austeilt, hatte sich verselbstständigt und auch bei denen rumgesprochen, die meine Programme gar nicht kannten.

Ich begann, mich dagegen immer mehr zur Wehr zu setzen. Aber das war nicht leicht. Für die einen war es mittlerweile selbstverständlich, dass ich Vegetarier sein müsse, für die anderen eine Überraschung, dass ich nicht für die Piraten-Partei kandidieren wollte, die einen gingen davon aus, dass ich den Islam hasse, die anderen dachten, ich wäre Islamist.

Meine Zweifel an der Richtigkeit meiner ursprünglichen Idee wurden immer größer. Hatte ich den Bogen überspannt und hatte mich das Publikum doch falsch verstanden? Hatten mich die Zuschauer vereinnahmt für das, was sie in mir sehen wollten? Hatten die Zuschauer meine Abstraktionen nur scheinbar einordnen können und benutzten sie sie jetzt vielleicht sogar als Freibrief, um ihre eigene Intoleranz zu tarnen?

Ich musste meine Bühnenfigur verändern. Sie musste wieder weicher werden und ihre Aussagen mussten deutlicher von mir zu trennen sein. Vor allem aber musste sich die Spreu vom Weizen in meinen Zuschauern trennen und die Mitläufer, die sich im Umfeld meiner Programme angesammelt hatten, um sie als Begründung für ihre eigenen Grenzüberschreitungen zu benutzen, mussten von mir ausgeschlossen werden. Ich musste mich klarer distanzieren von dem, was die falschen Zuschauer aus mir gemacht hatten.

Denn ich war nichts von alledem. Ich war immer noch der Künstler auf der Suche nach dem idealen Ausdruck und wollte nicht das Sprachrohr für die verkappten Nazis sein. Mit jeder enttäuschten Erwartung stieg auch die Zahl der Beschwerden und die der wütenden Abkehr von der Gefolgschaft und ich musste mehr und mehr lernen, dass nur mein eigener Weg der richtige war und nicht der, der am leichtesten und erfolgreichsten ist.

Es stellte sich heraus, dass der Ansatz meiner Idee, eine Bühnenfigur zu schaffen, die abstrakt agiert, um die Sichtweise auf Sachverhalte zu entschärfen, noch lange nicht so massentauglich war, wie ich es bis zu diesem Zeitpunkt angenommen hatte.

Ich beschloss deshalb, konkreter zu werden und wieder einfachere Strukturen für meine Aussagen zu suchen. Und gleichzeitig wollte ich eine Umkehr des bisherigen Weges und einen Verzicht auf den Erfolg wagen.

Ich wollte die Möglichkeit, missverstanden worden zu sein, in eine Gewissheit darüber verwandeln, wie sich meine künstlerische Aussage am besten transportieren ließe. Ich entschied daher, ein Pop-Album auf den Markt zu bringen, bei dem mit jeder Erwartung gebrochen werden würde. Aber nicht um die Erwartungen bewusst zu enttäuschen, sondern weil ich die Diskrepanz zwischen der Verkleidung und der Aussage bei einem Popsong am interessantesten fand. Ich wollte meine bisherigen Inhalte nicht aufgeben, aber ich wollte sie auch so sehr verfremden, dass sie nicht sofort erkennbar wären.

Mich interessierte die Frage, ob das, was ich in den letzten Jahren erlebt hatte, auch auf einem Pop-Album funktionieren könnte. Selbst wenn ich damit scheitern würde. Auf jeden Fall war es ein wichtiger Schritt, den ich weitergehen musste, und unabhängig davon, ob ich damit Zuspruch verlieren oder Zuneigung riskieren würde, musste ich mir selbst treu bleiben und die Entwicklung meiner Arbeit nicht im Vorhinein davon abhängig machen, dass sie irgendjemandem zu gefallen hätte.

Die Zusammenarbeit mit André erwies sich als Glücksgriff. In nur wenigen Tagen entwickelten wir die Grundgerüste für insgesamt 18 Tracks und begannen in den darauffolgenden Wochen, die Songs einzuspielen.

Die Bandbreite reichte von »Pussy«, einem Song über überempfindliche Hip-Hopper, über »Dafür kommt man in den Knast«, einem Song über Korruption, »Der Mann mit dem Bart«, einem Liebeslied von Hitler an einen Skinhead, »Atemlos«, einem Song über die Attentäter des 11. September, bis hin zu »Kopftuchlady«, einer Uptempo-Nummer über eine verbotene Liebesaffäre zwischen einem Deutschen und einer Muslimin, und vielen weiteren Songs, in denen ich jeweils versuchte, ein bestimmtes Thema aus meinem Programm musikalisch zu verarbeiten.

Stilistisch variierten die Songs zwischen R&B, Rock und Balladen. Die Texte waren zum Teil Zitate aus Programmen, zum anderen waren es neu geschriebene Texte. Besonders der fünfte Track »Comedy« war darauf angelegt, mit den unterschiedlichen Elementen aus Stand-up und Gangsta-Rap zu spielen, und er fällt auch heute noch sehr aus dem Rahmen des Albums, auf dem andere Songs zum Teil klassische Popsongs sind.

Nachdem wir mit den Aufnahmen zum Album fertig waren, begann eine ausgedehnte Promo-Phase, in der ich mich vor allem dafür rechtfertigen musste, als Schauspieler die Seiten gewechselt zu haben und Musik zu machen. Viele vermuteten dahinter ein Kalkül, so als hätte ich aus Erfolglosigkeit umgeschwenkt, und so waren die ersten Reaktionen, auch wenn die wenigsten gehört hatten, worum es wirklich ging, ablehnend und aggressiv.

Es scheint eine unausgesprochene Regel zu sein, dass ein Künstler, der einmal mit einer Sache erfolgreich ist, dabei zu bleiben hat, und nichts scheint schwieriger für ein angestammtes Publikum zu sein, als sich von der Vorstellung zu trennen, dass jeder Künstler auch immer sich selbst verpflichtet bleibt und sich irgendwann sogar von der Vereinnahmung durch seine Fans und von der Fremdbestimmung trennen muss, die ihm der Erfolg aufzwingt.

Es wäre schön, wenn man Erfolg berechnen könnte. Und es wäre noch besser, wenn man Misserfolge vermeiden könnte. Kann man aber nicht. Das Wichtigste ist für mich, dass ich bei allem, was ich mache, glaubhaft bin und mich mit dem, was ich echt zeige und produziere, so zeige, wie ich wirklich bin.

Wie jeder andere Mensch auch gehe ich in meinem Leben durch unterschiedliche Phasen. Mal bestimmt die Wut meine Arbeit, ein anderes Mal die Trauer, mal bin ich unglücklich verliebt, ein anderes Mal habe ich mich gerade erst getrennt. Meine Kunst ist dazu da, diese Momente und Gefühle angemessen zu verarbeiten und daraus etwas entstehen zu lassen, was andere Menschen, die Ähnliches erlebt haben, wiedererkennen und teilen können. Wenn ich nur Kunst machen würde, weil ich mir vorstelle, was andere interessieren könnte, ohne preiszugeben, was mich wirklich beschäftigt, würde ich mich und meinen Anspruch verraten und gefällig sein, und das wollte ich immer vermeiden.

Die Reaktionen auf das Album waren hart. Ich wurde auf meiner Facebook-Seite als Abtrünniger beschimpft. Man warf mir vor, ein Blender zu sein. Wieso jetzt Musik! Manche schrieben so, als wäre eine Welt für sie untergegangen, und nur wenige waren neugierig und hatten Freude daran, mich auch als Sänger zu erleben. Und als ich mich im Video zur Auskoppelung der ersten Single »Dafür kommt man in den Knast« als geschminkter Häftling präsentierte, war es bei vielen endgültig vorbei und aus der kolossalen Verunsicherung wurde blanker Hass.

Im Video spielte ich einen Spießer, der in seiner Wohnung Socken bügelt, auf der Straße kontrolliert, ob Geld in Parkuhren nachgeworfen wurde, heimlich aber in Frauenkleider schlüpft und kleinen Kindern die Dreiräder stiehlt. Eine Parodie des Kleinbürgers, der nach außen hin korrekt sein möchte, aber im Keller seine Leichen versteckt.

Obwohl die Story des Videos simpler kaum sein konnte, waren viele, vor allem junge Zuschauer, überfordert und verstanden die Botschaft des Liedes nicht. Warum schminkt sich der Hassprediger? Ist er etwa schwul? Igitt. Ein schwuler Hassprediger. Es fühlte sich so an, als hätte ich meinen Finger in das verkrampfte Arschloch meiner Fans gesteckt. Ich konnte mit dem Musikalbum nicht an den Erfolg des vorherigen Programms anknüpfen.

Sexy Revolution & The Politics

Kurze Zeit später entstand in mir die Idee, Musik und Stand-up noch enger miteinander zu verbinden. Zusammen mit Martin Ziaja, dem Bassisten der legendären Popolski-Band, und einigen weiteren Studiomusikern entwickelte ich ein Konzept für eine Band-Tour, bei der wir Elemente des »Hassprediger«-Konzepts mit aufnehmen wollten. Das Ganze sollte, einem Gospelgottesdienst ähnlich, aus zwei Teilen bestehen: der Ansprache des Hassias an sein Volk und den teilweise in komplettem Widerspruch dazu stehenden Popsongs.

Die Diskrepanz zwischen den einzelnen Teilen konnte für die Zuschauer nicht größer sein, denn viele waren gekommen, weil sie eine Comedy-Veranstaltung sehen wollten, nun aber einer Predigt beiwohnten. Dennoch experimentierten wir so lange an den Fassungen, bis wir am Ende einen Weg gefunden hatten, beide Teile so zu vereinen, dass daraus ein homogener Abend entstand, der sowohl den Erwartungen auf das Bisherige als auch der Neugier auf das Neue gerecht wurde.

Neu war für mich dabei, dass ich, nachdem ich jahrelang alleine auf der Bühne gestanden und jede Zeit der Welt gehabt hatte, zu tun und zu lassen, was mir eingefallen war, nun von einer professionellen Band begleitet wurde, die es zudem auch schaffte, Parts meiner Stand-ups spontan musikalisch zu untermalen, und somit frischen Wind und neue Energie in meinen Vortrag brachte.

Die daraus entstehende Interaktion, sowohl zwischen uns Musikern als auch zwischen der Band und dem Publikum, war überaus spannend und es entstanden dabei einzigartige Momente. Wie zum Beispiel bei unseren Konzerten in Schwerin und Dresden, wo ich spontan Zuschauer in das Programm einbaute, die den Spaß derart gut mitspielten, dass weder die Band noch die Zuschauer sich vor Lachen halten konnten.

Insgesamt war die Erfahrung, mit einer Band auf Tour zu sein, unglaublich wichtig für mich und ich bin sicher, dass wir diesen Weg auch in Zukunft weitergehen werden.

Hassprediger Reloaded

Währenddessen festigte sich in mir der Gedanke, auch als Hassias wieder auf die Bühne zurückzukehren. Nur sollte es diesmal aus einer anderen Perspektive geschehen. Da der Hassias bei der letzten Tour gestorben und feierlich in den Himmel aufgestiegen war, gab es nichts Naheliegenderes, als ihn wiederauferstehen zu lassen, damit er sich als Geist seiner selbst in neue Höhen der Auseinandersetzung schwingen konnte.

Und so habe ich vor einigen Monaten mit einem neuen Projekt namens »H2 Universe« begonnen und bin schon jetzt gespannt auf die Erkenntnisse, die ich hoffentlich auch am Ende dieser Reise haben werde. Aber auch diese Reise ist nur eine Etappe und das Ziel ist noch lange nicht erreicht.

Der rote Faden meiner Arbeit bleibt die Erforschung der menschlichen Seele und die Auseinandersetzung, die ich mit »Mein Kampf« begonnen und mit meinen unterschiedlichen Projekten fortgesetzt habe.

Das Ziel ist, Fragen zu stellen und keine universelle Antwort zu erwarten. Erst aus den einzelnen Teilen ergibt sich ein Ganzes und vielleicht werde ich es niemals erleben, was es bedeutet, komplett zu sein. Vielleicht ist es nur wichtig, unterwegs zu sein und auf der Suche zu bleiben. Einer Suche nach Erklärungen und Inhalten, nach Ursache und Wirkung. Eine permanente Auseinandersetzung mit mir und meinem Bezug zu der Frage danach, wie ich mich durch meine Arbeit entwickeln und weiterbringen kann. Eine spannende, aufreibende, zuweilen frustrierende Arbeit. Aber doch die einzige Arbeit, die ich kann, und die einzige Antwort, die ich geben möchte.

Lucke, Sarrazin und Buschkowsky

Während sich meine künstlerische Auseinandersetzung mit den Fragen um Fremdbestimmung und Widerstand gegen Unterdrückung und Diktatur in den letzten Jahren ständig verändert hat und ich die Chance hatte, immer wieder auf neue Ebenen zu kommen und neue Erkenntnisse zu gewinnen, ist die Debatte um den richtigen Umgang mit den Hinterlassenschaften aus der Vergangenheit gleich geblieben.

Noch immer werden die gleichen Fragen gestellt, obwohl die Antworten auf der Hand liegen. Was nützt beispielsweise ein NPD-Verbot, wenn schon längst erwiesen ist, dass der rechtsextreme Untergrund lange Zeit von V-Männern des Verfassungsschutzes unterwandert war. Müssen wir also nicht vielmehr darüber nachdenken, unsere gesamte bisherige Strategie im Umgang mit Rechtsradikalismus zu überprüfen und die etablierten Strukturen, die erst dafür gesorgt haben, dass wir vor diesem Dilemma stehen, zu ersetzen?

Wenn man mit etwas umgehen muss, was man nicht einschätzen kann, wird oft die Frage nach einem Verbot gestellt. Dabei wird außer Acht gelassen, wie viele andere Dinge erlaubt sind, die weit verführerischer und gefährlicher sein könnten. Vor allem aber verändert man durch Verbote nicht das Denken der Menschen.

In vielen Debatten unserer Zeit zum Beispiel um Zuwanderung und Fremdenfeindlichkeit zeigt sich, wie schnell die Meinung der breiten Öffentlichkeit immer näher an die verräterischen Formulierungen und einfachen Denkstrukturen der Nazis herangerückt ist. Hinzu kommt, wie erschreckend oft auch heute noch Politiker in der ganzen Welt nahezu wortwörtliche Zitate aus »Mein Kampf« in ihren aktuellen Reden verwenden.

Parteien am rechten Rand haben schon längst entdeckt, wie ertragreich die Koketterie mit chauvinistischen Zweideutigkeiten sein kann, und sie nutzen sie geschickt aus, um subtile Ängste vor Überfremdung zu bedienen. Ob es ein Wahlplakat der NPD ist, auf dem der damalige Parteivorsitzende Udo Voigt auf einem Motorrad posierend fordert, wieder »Gas zu geben«, oder die Forderung der österreichischen FPÖ »Dahoam statt Islam«: Längst ist das Spiel mit dem braunen Feuer zu einem funktionstüchtigen Marketingtool geworden und der kalkulierte Skandal ein legitimes Mittel zum Transport eines unlauteren Zwecks.

AfD und Bernd Lucke

Besonders die europafeindliche Alternative für Deutschland (AfD) hat sich in den letzten Jahren zu einem diffusen Zusammenschluss aus Gestrigen und neoliberalen Systemkritikern entwickelt, bei dem es immer wieder zu auffälligen Parallelen zum Sprachgebrauch der Nazis kommt. Die vom ehemaligen AfD-Vorsitzenden Professor Bernd Lucke betriebene Diskussion um eine »Entartung« der parlamentarischen Demokratie und seine anschließende Rechtfertigung, es gäbe auch entartete Körperzellen, nämlich Krebsgeschwüre, spricht Bände über das Politikverständnis dieses Westentaschendemagogen.

Das Wort »entartet« stammt eindeutig aus der Terminologie des Joseph Goebbels und war im Dritten Reich ein beliebtes Schlagwort der Nazi-Propagandamaschinerie zur Diskreditierung jüdischer Künstler. Zudem gibt es eine Deckungsgleichheit in der Begründung für die Verwendung des Hetzbegriffs. Auch Hitler beschreibt im Kapitel »Die germanische Demokratie« in »Mein Kampf« nämlich die Auswüchse des Parlamentarismus als Krankheit und stellt dem eine germanische Demokratie als Ideal gegenüber, in der einer nach dem »Führerprinzip« bestimmt, was zu tun ist, und die anderen nur zuzustimmen haben. Die Nazis sahen, ähnlich wie auch offensichtlich Teile der AfD, die parlamentarische Demokratie als Hindernis für schnelle und klare Entscheidungen.

Besonders deutlich wird die Unfähigkeit Luckes zum demokratischen Diskurs, wenn man sich ansieht, mit welch entlarvendem Trotz er auf seine Entmachtung im Sommer 2015 reagiert hat. Er zeigt hier eine der fatalsten Ähnlichkeiten zu Hitlers Auffassung von Recht und Unrecht. Wäre Lucke ein Demokrat, so müsste er hinnehmen, dass man in einer demokratischen Partei auch abgewählt werden kann.

Stattdessen ist er beleidigt aus seiner Partei ausgetreten und hat schon wenige Tage später eine eigene neue Partei gegründet. Hitler schreibt am Ende des ersten Bandes in »Mein Kampf«: »Ich wollte nicht Mitglied in einer Partei sein, sondern ich wollte meine eigene gründen!« Klingt irgendwie ähnlich.

Thilo Sarrazin
Auch der deutsche Schriftsteller und Politiker Thilo Sarrazin sorgt mit seinen Thesen immer wieder für Diskussionen, die die Öffentlichkeit in Deutschland bewegen und nicht zuletzt große Teile der Bevölkerung in ihren Ansichten darüber spalten. In seinem 2008 erschienenen Buch »Deutschland schafft sich ab« stellt Sarrazin unter dem Vorwand, einen ungeschönten Blick auf die deutsche Realität werfen zu wollen, ein Zerrbild der Lebenssituation dar, schürt diffuse Ängste vor Überfremdung, Xenophobie und latente Fremdenfeindlichkeit und erklärt beiläufig die Idee einer multikulturellen Gesellschaft vor allem deshalb für gescheitert, weil sich die in Deutschland lebenden Ausländer nicht an die Leitkultur ihres Gastgeberlandes anpassen wollten. Seine Ausführungen zur Geburtenrate der in Deutschland lebenden Türken sind an Polemik kaum zu überbieten:

»Aufgrund der üppigen Zahlungen des deutschen Sozialstaats ziehen wir eine negative Auslese von Zuwanderern an. Das Transfersystem setzt auf deren Fruchtbarkeit hohe Prämien aus und zieht so die migrantische Unterschicht von morgen heran.«
(Thilo Sarrazin, »Deutschland schafft sich ab«, München 2010, S. 323)

Dabei geht es Sarrazin nicht um eine sachliche Auseinandersetzung, sondern schlicht und einfach um Stimmungsmache. Sarrazin schreibt vor allem, um ein Szenario zu erzeugen, in dem Deutsche befürchten müssen, an der Schwelle zur feindlichen Machtübernahme durch eine Horde von Zuwanderern zu stehen.

Ähnliches findet sich in Hitlers »Mein Kampf«. Im Kapitel »Volk und Rasse« warnt Hitler vor einer Unterwanderung der deutschen Rasse durch ein jüdisches Untervolk, das ihm an genetischer Veranlagung und charakterlich unterlegen ist und damit den Bildungs- und Wohlstanddurchschnitt schwächt.

> »Deutschland hat eine jährliche Bevölkerungszunahme von nahezu neunhunderttausend Seelen. Die Ernährung dieser Armee von neuen Staatsbürgern muss einmal bei einer Katastrophe enden, falls eben nicht noch Mittel und Wege gefunden werden, vorzubeugen.«
> *(Adolf Hitler, »Mein Kampf«, München, 1923, S. 455)*

Heinz Buschkowsky

Auch der ehemalige Berlin-Neuköllner Bürgermeister Heinz Buschkowsky hat mit seinem Pamphlet »Neukölln ist überall« beträchtliche Schützenhilfe für diejenigen geleistet, die gerne glauben möchten, dass es der in Deutschland lebende Ausländer per se nur auf die Geldbörse seiner ahnungslosen Gastgeber abgesehen hat.

> »Wenn wir weiter zuschauen, werden wir in zehn
> bis 15 Jahren in Neukölln-Nord von Whitecha-
> pel nicht mehr weit entfernt sein. 75 Prozent der
> Kinder unter 15 Jahren leben hier bereits
> von Sozialleistungen. Wir haben Schulen, wo
> 95 Prozent der Eltern arbeitslos sind. In der Welt
> dieser Kinder kommt ein geregeltes Erwerbsle-
> ben nicht vor.«
> *(Heinz Buschkowksy, Tagesspiegel, 13.07.2008)*

Die Schriften von Buschkowsky und Sarrazin, die vor Polemik nur so strotzen und davon leben, dass sie verallgemeinern, reduzieren oder schlicht und einfach unbestätigtes Zahlenwerk zur Grundlage einer hanebüchenen Argumentation machen, werden heute zu Millionen verkauft und sie werden Teil des Common Sense, weil niemand überprüfen kann, ob die Behauptungen nur gefühlt richtig sind oder ob sie wirklich der Realität entsprechen.

Allein unter den 2,1 Millionen Türken, die in Deutschland leben, gibt es zunehmend erfolgreiche Unternehmer, die laut Bericht des Bundesministeriums für Wirtschaft im Jahr 2014 über 160 000 Arbeitnehmer beschäftigten, darunter auch Deutsche, und einen Jahresumsatz von 18 Milliarden Euro erwirtschafteten.

Auch die Frage der Zuwanderung wird immer wieder mit falschen Zahlen belegt und ist daher missverständlich. Vor allem aber sorgt diese Argumentationsweise dafür, dass besonders bei jungen Menschen der Eindruck entsteht, dass sich Deutschland einer Flut von kriminellen Ausländern erwehren muss.

Dem Migrationsbericht von 2014 zufolge kamen 2012 knapp 1,1 Millionen Menschen in die Bundesrepublik – 13 Prozent mehr als 2011, wie das Bundesinnenministerium in Berlin mitteilte. Deutschland bleibe damit im EU-Vergleich ein Hauptzielland von Migranten und habe zuletzt »deutlich an Attraktivität gewonnen«, heißt es in dem Bericht.

Allerdings stieg 2012 auch die Zahl der Fortzüge aus der Bundesrepublik auf 712 000 an. Damit kamen rund 370 000 Menschen mehr nach Deutschland, als von hier fortzogen. Dem Migrationsbericht 2012 des Bundesamts für Migration und Flüchtlinge zufolge stammten rund 620 000 der Zuwanderer aus Staaten der Europäischen Union, 340 000 aus Drittstaaten. Von den Drittstaatsangehörigen kamen ca. 18 Prozent aus familiären Gründen, 16 Prozent wegen Aufnahme eines Studiums, einer Ausbildung oder eines Schulbesuchs, 13 Prozent zu Erwerbszwecken und gut 16 Prozent aufgrund eines Asylverfahrens oder aus humanitären Gründen.

Umfragen der Bundeszentrale für politische Bildung haben nicht umsonst ergeben, dass der gefühlte Ausländeranteil in Deutschland weit höher liegt als der tatsächliche und auch die Angaben zum angeblichen Übergewicht der ausländischen Kriminalität sind nur so lange richtig, wie sie unwidersprochen behauptet werden können.

»Der erfreuliche Trend eines überproportiona-
len Rückgangs der nichtdeutschen Tatverdächti-
gen setzt sich fort. Nachdem deren Zahl in den
Jahren 2011 und 2012 bereits um 2,3 Prozent bzw.
1,2 Prozent gesunken war, ist 2013 nochmals ein
spürbares Minus von 5 Prozent zu verzeichnen
(deutsche Tatverdächtige: − 2,4 Prozent).«
(Kriminalitätsstatistik des Bundesinnenministers,
Mai 2014)

Wenn man von dem zugegeben hohen Ausländeranteil
in Berlin-Neukölln spricht, muss man dann nicht auch
erklären, dass in der bundesdeutschen Wohnungspoli-
tik der 1970er Jahre die Bildung von Ausländerghettos
gefördert wurde?
Haben sich die in Deutschland lebenden Ausländer, welche
in den Schilderungen Buschkowskys und Sarrazins oft syn-
onym mit den in Deutschland lebenden Türken sind, also
wirklich abgeschottet oder war es nicht vielmehr so, dass die
erste Gastarbeitergeneration von Anfang an nicht erwünscht
war und sich darauf einstellen sollte, sobald sie ihren Dienst,
nämlich den Deutschen beim Wiederaufbau ihres durch
Krieg vernichtet Landes zu helfen, erfüllt hatte, wieder
dahin zurückzugehen, woher sie gekommen war? War es
nicht auch der Fehler der deutschen Politik, dass man sich
jahrzehntelang keine Gedanken darüber gemacht hat, dass
die hier lebenden Menschen Familien gründen und Kinder
kriegen würden, dass ihre Kinder hier aufwachsen würden
und dass es schwer werden würde, diese Menschen wieder
in ihre Ursprungsländer zu verfrachten?

Was Buschkowsky beklagt, sind im Grunde die Symptome einer Politik, deren Grundlagen er nicht erforscht, sonst hätte er ein Buch über die verfehlte deutsche Integrationspolitik der letzten 40 Jahre geschrieben.

Und solange es so oberflächlich bleibt, ist der Rückschluss von der Situation in Berlin-Neukölln, die seiner eigenen Überforderung als Bürgermeister geschuldet zu sein scheint, auf die Probleme der Bundesrepublik genauso fatal wie der Gedanke, dass alle Deutschen Nazis sein müssten, bloß weil drei verrückte Attentäter zwölf Jahre lang mordend durch die Republik ziehen konnten. Dann wäre nämlich auch »Zwickau überall«.

Das Schlimme ist dabei nicht, dass Sarrazin und Buschkowsky solch verquere und pseudowissenschaftliche Bücher schreiben, sondern vielmehr erschreckt mich, dass ein Großteil der Bevölkerung glaubt, was darin steht, und dank der tatkräftigen Unterstützung der BILD-Zeitung daraus eine bundesweite Kampagne entsteht, über die so lange gesprochen wird, bis man wirklich das Gefühl hat, ein dringendes Problem zu haben, abgesehen davon, dass man wochen- und monatelang ein perfektes Podium für Volksverhetzter und Ausländerfeinde bietet.

Die Thesen Luckes, Sarrazins und Buschkowskys sind vor allem auch Wasser auf die Mühlen der Nazis, eine Bestätigung dafür, dass die bürgerliche Mitte sich bei der Rechtfertigung ihrer Vorbehalte gegen alles Fremde gerne auch schon mal bei den Argumenten der Extremen bedient.

Islamismus
Eine neue Form des Faschismus

Auf der anderen Seite steht neuerdings die immer größer werdende Anzahl an Islamisten, die nicht nur für
die westliche Gesellschaft eine unmittelbare Bedrohung
darstellt, sondern auch maßgeblich daran beteiligt ist,
das Klima zwischen Christen und Moslems zu vergiften.
Anhand des salafistischen Ablegers rund um den Ker-
pener Hassprediger Pierre Vogel lässt sich anschaulich
machen, wie selbst scheinbar ideologisch entgegenge-
setzt orientierte Gruppierungen sich bei der Organisation ihrer Bewegung totalitärer Strukturen bedienen
und ihre Ziele entsprechend ausrichten.
Das betrifft die Rolle der Frau in der Familie als kleins-
ten Baustein, aber auch die streng hierarchische Ordnung und den strikten Glauben an eine Überlegenheit
der eigenen Rasse und deren Repräsentation durch eine
Führerpersönlichkeit. Der Kampf gegen Andersgläubige
im Sinne einer Säuberung wird zum zentralen Motiv der
Weltanschauung. Sie gleicht fast ebenfalls eins zu eins
der Rassenideologie der Nazis.
Der Glaube an die vom Propheten und Führer ausge-
hende Allmacht legitimiert jede Form der Gewalt gegen
seine Gegner und er setzt zugleich jede Form der demokratischen Mitbestimmung und des Widerstands außer
Kraft.

Im Weltbild der Salafisten stehen nicht das Grundgesetz, der Respekt vor dem Andersdenkenden oder die Gleichberechtigung zwischen Mann und Frau an oberster Stelle, sondern der Koran und damit das Wort des Propheten. Im Weltbild der Nazis steht nicht das Volk an erster Stelle, sondern der Führer.

Dieser Grundsatz und die daraus resultierende Legitimierung des eigenen Handelns als gottesgerechte bzw. führertreue Notwendigkeit führt zu einer primitiven Zweiteilung der Welt in Gut und Böse, in Ungläubige und Gläubige. In jüdisch und germanisch. Das Ziel in beiden Fällen ist die Ausrottung des Gegenübers und die vollständige Durchsetzung der eigenen Ideologie, notfalls unter Inkaufnahme einer kriegerischen Auseinandersetzung.

Diese zahlreichen unübersehbaren Parallelen zwischen der ideologischen Verblendung der modernen Islamisten und den Nazis vergangener Tage lassen die Gefahren für unsere nähere Zukunft ahnen.

Die Ayatollahs im Iran sprechen mit ähnlichen Begriffen wie die Nationalsozialisten, sie verharmlosen den Holocaust und setzen ihn mit der Besatzung des Gaza-Streifens gleich.

Jüdische Wiedergutmachungsansprüche und Mahnungen zum Gedenken an die Zeit des Dritten Reichs werden zum Propagandamanöver Israels erklärt. Um Israels Invasionspolitik gegenüber den Palästinensern zu verurteilen und gleichzeitig die Kritik daran zu unterstreichen, wird die Jahrtausende währende Verfolgung der Juden zu einer erfundenen Mär verkehrt. Sie diene den Juden nur dazu, ihre finanziellen Interessen durchzusetzen und die Kritiker der israelischen Siedlungspolitik mundtot zu machen. Im Zusammenschluss mit der Schutzmacht USA unterwandern die Juden in den Augen ihrer Feinde so nicht nur den Nahen Osten, sie weiten gleichzeitig ihren Machtbereich auf die gesamte westliche Welt aus. Die wahnhafte Angst der Nazis vor einer jüdischen Weltverschwörung hat in den Köpfen der Islamisten schon längst eine neue Heimat gefunden.

Hitlers fruchtbare Saat also in den Köpfen einer immer größer werdenden Anzahl von Volksverhetzern, die aus unterschiedlichen Richtungen kommen: Darunter befinden sich Europäer, die zum Islam konvertiert sind, und Neonationalisten, die in ihrer antisemitischen Denkart im Juden schon immer den Urheber allen Übels gesehen haben. Im Kampf um ihre Identität machen sie gemeinsame Sache gegen den Kultur- und Glaubensimperialismus einer jüdischen unterwanderten Welt.
Der einzig wirksame Widerstand gegen diese latente Unterwanderung des freiheitlichen Denkens und der Finanzmärkte durch eine »jüdische Satansmacht« (Adolf Hitler, »Mein Kampf«, S. 123) ist in den Augen dieser Gruppierungen der Glaube auf der einen Seite und eine seltsame Mischung aus Marxismus und Nationalfaschismus auf der anderen Seite.
So wenig wie diese verschrobene Weltsicht stimmt, so sehr ist sie aber für diejenigen glaubhaft geblieben, die sich die Welt gerne einfach reden wollen. Auch wenn es stimmen mag, dass die Märkte im Zeitalter der Börse den Menschen in seiner Bedeutung und mit seinen profanen Bedürfnis-

sen schon längst überholt haben und politische Interessen die Wirtschaft steuern, sind wir als Verbraucher doch alle beteiligt an diesem grausamen Mechanismus aus der Vielfalt des Angebots und der Beliebigkeit unserer Entscheidungen: Wir sind selbst ein aktiver Teil der Konsumgesellschaft und wir nehmen ihre Vorteile in Anspruch und profitieren davon.

So wirkt es geradezu lächerlich, wenn ausgerechnet diejenigen, die unser Wertesystem kritisieren, mitten unter uns leben, in Mönchengladbach residieren, wohlgenährt sind, iPhones besitzen und lieber teure Autos fahren, als auf dem Kamel durch die arabische Wüste zu reiten und zwei Datteln am Tag zu kauen. Der Widerstand ist anscheinend dort am reizvollsten, wo man den stärksten Gegenwind spürt.

NSU
Die verkannte Gefahr im Untergrund

Als Widerstand, auf nationaler Ebene, betrachtete sich auch die rechtsextreme Zelle namens Nationalsozialistischer Untergrund (NSU), die aus der rechtsextremen Szene der 1990er Jahre hervorging und zwischen 2000 und 2006 zahlreiche Anschläge und eine beispiellose Mordserie verübte. Die Opfer waren alle Männer mit Migrationshintergrund.

Erst der innere Zerfall der Gruppe um Uwe Mundlos, Beate Zschäpe und Uwe Böhnhardt und die Selbstmorde der beiden Männer führten dazu, dass die Machenschaften der Gruppe aufflogen und Beate Zschäpe als einzige Überlebende festgenommen und vor Gericht gebracht werden konnte. Infolge der Aufarbeitung der Morde wurden zahlreiche Ermittlungspannen, Aktenvernichtungen und der fragwürdige Einsatz von V-Leuten aufgedeckt, die sogar dazu führten, dass unter anderem der Präsident des Bundesamtes für Verfassungsschutz zurücktreten musste. Und dennoch bleibt bis heute ungeklärt, wie eine terroristische Vereinigung jahrelang mordend durch die Republik ziehen konnte, ohne dass man ihr auf die Schliche gekommen ist. Heute zählt die NSU-Affäre zu einem der größten Skandale, die wir in Deutschland in Sachen Rechtsextremismus erlebt haben. Es ist entsetzlich, dass trotz aller staatlich finanzierten Präventions- und Aufklärungsprogramme gegen Rechtsextremismus eine Szene jenseits der öffentlichen Wahrnehmung wachsen und gedeihen konnte und dazu in der Lage war, ihr kriminelles Handeln vor dem Gesetzgeber zu verbergen.

Gerade hier stellt sich erneut die Frage, ob die Haltung des Gesetzgebers richtig ist, auch im Zusammenhang mit der Freigabe von »Mein Kampf«, das Verbot rechtsextremen Gedankenguts vor die Aufklärung zu stellen, und ob der Gesetzgeber allein durch die Verhinderung rechtsextremer Inhalte seine Pflicht zum Schutz der Bürger erfüllt hat.

Die NSU konnte trotz Verboten und ohne gravierende Verfolgung überleben. Sie hat ihre Ziele in die Tat umsetzen können, ohne dass der Gesetzgeber das verhindern konnte. Müssen wir dann nicht noch genauer hinterfragen, ob unser Umgang mit Rechtsextremismus noch zeitgemäß ist und unsere Programme zur Verhinderung rechtsextremer Gewalt gescheitert sind?

In der Tat steigt die Zahl der rechtsextremen Gewalttaten seit den 1990er Jahren weiter stetig an: Insgesamt waren es 16 595 im Jahr 2014, das bedeutet 23,6 Prozent Anstieg im Vergleich zum Vorjahr (BfV, 2015). Und gerade, weil wir vielleicht davon ausgehen, schon genug getan zu haben, wiegen wir uns oft in der Sicherheit, dass Aufklärung und Prävention reichen würden, um Rechtsextremismus zu bekämpfen.

Auch die Politik hat das Thema viel zu lange auf die leichte Schulter genommen und verharmlost, obwohl die Signale eindeutig waren. Mahner wurden als »Gutmenschen« abgestempelt und reichten die Argumente gegen die Fakten nicht mehr aus, wurde stets zur Relativierung der steigenden Zahlen rechtsextremer Gewalttaten die scheinbar ebenso große Gefahr durch Linksextremismus betont. 2014 wurden insgesamt 4024 Straftaten dem linksextremen Lager zugeordnet, gegenüber 2013 ist das ein Anstieg von 0,1 Prozent (BfV, 2015).

Die Mörder der NSU waren keine unbedarften Jugendlichen, die spontan handelten. In Wirklichkeit mangelte es der NSU nicht an Kenntnis der Materie und sie waren sich sicherlich auch dessen bewusst, dass das, was sie taten, nicht im Sinne des Gesetzes war. Es war ein bewusst durchgeführter Akt des Terrors gegen unsere pluralistische und freiheitliche Gesellschaft. Ein Angriff auf den Kern der öffentlichen Ordnung. Minutiös geplant und brutal vollendet. Dabei haben die Täter ihren Kick aus dem Verborgenen gezogen und es bleibt die Frage danach, was sie daran hätte hindern können.

Nazis in der DDR

Die Begeisterung der NSU für nationalsozialistische Ideen ist aus der Oppositionshaltung entstanden, die man den Jugendlichen der ehemaligen DDR Anfang der 1990er Jahre zugewiesen hat. Nach der Wiedervereinigung gab es in vielen Landstrichen der ehemaligen DDR weder Gesetz noch gab es eine Beschäftigung, die einen daran hätte hindern können, auf dumme Gedanken zu kommen.

Hohe Arbeitslosigkeit, mangelnde Perspektiven auf dem Ausbildungsmarkt und eine »ideologische« Verwaisung, bedingt durch ein geringes Angebot an Freizeit- und Bildungsmöglichkeiten, verstärkten das Gefühl der Jugendlichen, auf dem Abstellgleis der Geschichte gelandet zu sein. Zudem war die Öffnung der Mauer nach dem Abklingen der ersten Euphorie für viele Menschen in der ehemaligen DDR eine kulturelle Überforderung. Plötzlich sollten diese Menschen, die zuvor noch nicht einmal im Ausland waren, mit Ausländern zusammenleben und sie tolerieren. Auch wenn es Gastarbeiter aus Mosambik und Vietnam zu DDR-Zeiten schon gab, so blieb man doch stets unter sich und hatte keinen Kontakt zu Fremden.

Das Zusammenleben zwischen Ausländern und Deutschen musste nicht organisiert werden und die unterschiedlichen Kulturen hatten keine Berührung. Woher hätte ein Jugendlicher aus Dresden oder Leipzig wissen sollen, was Toleranz bedeutet, wer sollte es ihm beigebracht haben?

Für die meisten war die Öffnung der Grenze auch ein Angriff auf ihre sozialistische Idylle. Dort, wo früher gähnende Leere herrschte, standen nun plötzlich Imbisswagen aus dem Westen und boten Döner und Zaziki feil. Zigarettenschmuggler bevölkerten die Straßen und boten billige Ware an. Gleichzeitig kamen Immobilienhändler, Unternehmer, Spekulanten und Wendeprofiteure und versuchten aus der Not der Menschen Kapital zu schlagen.

Die Lage war für Heranwachsende denkbar ungünstig. So wurden die Jugendlichen der ehemaligen DDR zu tickenden Zeitbomben und zugleich zu einem gefundenen Fressen für Demagogen und Gehirnwäscher. Denn diese lauerten bereits auf ihre Beute: Viele ehemalige führende Kräfte der westdeutschen rechtsextremen Parteien waren in den Osten abgewandert, um von der Aufbruchsstimmung zu profitieren.

Schon lange litt die rechtsextreme Bewegung im Westen Deutschlands unter Mitgliederschwund. Die Themen schienen den Nazis ausgegangen zu sein. In Westdeutschland hatte man sich zudem Ende der 1980er Jahre an Ausländer gewöhnt. Wahlen konnte man mit ausländerfeindlichen Parolen nicht mehr gewinnen. Die Prozentzahlen rechtsextremer Parteien waren verschwindend gering und die ausländerfeindlichen Parolen blieben eher den Stammtischen überlassen als einer jungen, nachfolgenden Generation, die bereit gewesen wäre, die Theorie in die Praxis umzusetzen.

Mit dem Tode Michael Kühnens und dem Zusammenbruch der rechtsextremen FAP starb zudem eine Illusion der Westnazis. Man hatte gehofft, in Kühnen eine charismatische Führerfigur gefunden zu haben, die dem Druck der öffentlichen Ablehnung standhalten könne. Aber Michael Kühnen führte als Homosexueller ein Doppelleben und starb an den Folgen von Aids. Die rechtsextremen Gruppen zersplitterten in der Folge und es blieb ein Haufen ewig Gestriger übrig, der versuchte, mit kurzfristigen Aktionen wenigstens für ein paar Augenblicke die Aufmerksamkeit der Öffentlichkeit zu erlangen.

Währenddessen gab es auch zu DDR-Zeiten schon eine lebendige rechtsextreme Szene im Osten, die jedoch weniger nationalsozialistisch orientiert, sondern eher dem Machtkampf im Untergrund gegen die ebenfalls florierende Punk- und Gothic-Szene zuzuordnen war. Rechtsextrem zu sein bedeutete in der DDR aber auch, im Widerstand gegen die Staatsmacht zu sein. Hier deckt sich ein wichtiger Aspekt des Selbstverständnisses der NSU mit der Geschichte ihrer ostdeutschen Vorläufer. Es ist auch vorstellbar, dass sich die NSU, ähnlich wie die bundesdeutsche RAF in den 1970ern, für eine Art Guerilla hielt, die im Freiheitskampf gegen die Besatzungsmacht Westdeutschland handelte.

Als sich Mitte der 1990er Jahre immer mehr herausstellte, dass die Wiedervereinigung Deutschlands unumkehrbar sein würde und die Menschen sich in Ostdeutschland an die neue wiedervereinigte Realität gewöhnen mussten, muss es bei einem Teil der ehemaligen DDR-Bevölkerung zu einer Kurzschlussreaktion gekommen sein.

Zum einen mündete dies in Wahlergebnisse, die aus Westsicht nicht nachvollziehbar waren, zum anderen stieg die Zahl der rechtsextremen Gewalttaten, insbesondere in Ostdeutschland, rapide an. Im nahezu gesetzesfreien Raum der ehemaligen DDR wurden ganze Städte zu »national befreiten Zonen« und die wenigen dort einquartierten Ausländer wurden für vogelfrei erklärt. Es folgten zahlreiche Pogrome auf Asylbewerberheime und ausländische Einrichtungen.

Aber noch wollte man in Westdeutschland nicht einsehen, dass es ein bundesdeutsches Problem mit Rechtsextremismus geben könnte. Bis zum heutigen Tage finden in ganz Deutschland Übergriffe auf Asylunterkünfte statt, ohne dass die Politik groß davon Kenntnis nimmt. Aus Angst vor Imageverlust und Schwächung des Standortes wird lieber verdrängt und verschwiegen, statt klar gegen rechte Gewalt Position zu beziehen und effektive Aufklärungsarbeit zu leisten.

Zu Gast bei No-go-Areas?

Als 2006, im Jahr der in Deutschland unter dem Motto »Zu Gast bei Freunden« ausgetragenen Fußballweltmeisterschaft, der Deutsch-Äthiopier Ermyas M. auf offener Straße in Potsdam von rechtsextremen Schlägern brutal zusammengeprügelt wurde, behauptete der damalige Innenminister Wolfgang Schäuble, dass es sich hierbei um einen Einzelfall handle und Deutschland ein Land sei, in dem sich ausländische Menschen angstfrei bewegen könnten. Der von Amnesty International geschaffene Begriff der »No-go-Areas« wurde als Erfindung der deutschlandfeindlichen Presse abgetan, obwohl aus blühenden, schon längst prügelnde Landschaften geworden waren.

Erst mit Bekanntwerden der NSU-Morde sollte die fatale Folge dieser Fehleinschätzung klar werden. In Wirklichkeit waren die Nazis aus dem Untergrund des Ostens schon längst abgewandert und mordeten mitten in den Zentren der multikulturellen Metropolen Westdeutschlands. Ein Bombenanschlag auf der belebten Keupstraße in Köln-Mülheim sowie Sprengstoffanschläge in Düsseldorf und Saarbrücken unterstrichen die fanatische Entschlossenheit der Terroristen auf erschreckende Weise.

Mit Bekanntwerden der Mordserie und dem damit einhergehenden Bekenntnis des Versagens gleich mehrerer behördlicher Instanzen setzte jedoch kein Denkprozess ein. Die Verantwortung wurde delegiert und hin und her geschoben, bis am Ende alles so aussah, als hätte niemand das Ganze vorhersehen können und als wäre die NSU aus heiterem Himmel auf die friedliche bundesrepublikanische Realität gefallen.

Der Prozess um Beate Zschäpe liefert bis zum heutigen Tage ein unrühmliches Beispiel dafür, wie schwer sich die bundesdeutsche Justiz damit tut, ein angemessenes Maß der Strafe und des Umgangs mit den menschenverachtenden und grausamen Taten der NSU zu finden. Es sieht jedenfalls bis heute nicht so aus, als würden die Opfer der Taten eine gerechte Entschädigung für die ihnen angetanen Schmerzen erhalten. Vielmehr wird der Prozess durch die zähe Prozessführung und die immer wieder andauernde Verzögerung durch Formalitäten selbst zu einem erneuten Verbrechen an den Opfern.

»Sehr geehrte Frau Beate Zschäpe,

ich kenne Sie nicht, aber ich weiß vieles über Sie. Zu viel leider. Ich weiß, wie Sie aussehen, woher Sie kommen und wo Sie jetzt sind. Ich kenne sogar Ihr Lächeln. Ich weiß vor allem, was Sie uns allen angetan haben. Deshalb hätte ich Sie am liebsten niemals kennengelernt, denn Sie sind eine kaltblütige Frau, eine Überzeugungstäterin und eine Mitwisserin. Obwohl Sie ganz normal zu sein scheinen, haben Sie mächtig einen an der Klatsche. Sie sind noch nicht einmal hässlich, aber in Ihnen klafft ein Abgrund. Das Komische ist, ich verachte Sie nicht. Ich verstehe Sie nur nicht. Warum sagen Sie nichts? Warum sprechen Sie nicht? Fällt Ihnen nichts mehr ein? Haben Sie keine Lust oder dürfen Sie nichts sagen, weil Sie auch jetzt noch taktieren? Haben Sie etwa Hoffnung, noch einmal glimpflich, sozusagen mit einem braunen Auge, davonzukommen? Vielleicht klappt es ja. Aber nur, wenn der Staat, den Sie eigentlich hassen, Gnade *vor Recht walten lässt. Wie wollen Sie dann Ihren eigenen Gedanken entfliehen? Oder können Sie verdrängen, was Sie getan haben? Hoffentlich holt es Sie dann eines Tages nicht in Ihren Träumen ein, Frau Zschäpe. Was denken Sie, wenn Sie alleine sind? Was denken Sie dann wirklich? Oder haben Sie sich alles so zurechtgelegt, dass wir die Schuldigen sind und Sie nur das Opfer? Eine Märtyrerin.*

Aber für wen? Für wen wollten Sie sich opfern? Für Deutschland? In diesem Deutschland befinden Sie sich jetzt im Exil, fernab von allem, und das mehr als je zuvor. Und absurderweise haben gerade Sie dieses Deutschland verändert. Es ist anders, als Sie es wahrhaben wollen. Es ist geduldiger, es ist mutiger, es ist stärker, als Sie denken. Vor allem: Es gehört uns! Genauso, wie wir ein Teil davon sind, sind Sie auch ein Teil davon, ob Sie es wollen oder nicht. Das Einzige, was Ihnen geblieben zu sein scheint, ist Ihr Trotz. Vielleicht weil Sie denken, etwas hätte sich gegen Sie verschworen, und es bestärkt Sie darin, durchzuhalten. Fragen Sie sich nicht, ob es ungerecht ist, was Sie getan haben? Und ob es gerecht ist, was mit Ihnen nun geschieht? Wie Sie mit sich umgehen würden, wenn Sie an unserer Stelle wären? Könnten Sie sich verzeihen, was Sie getan haben? Wie sollen wir es dann erst schaffen? Denn dieses Land gehört nicht Ihnen, es gehört auch denen, die Sie hingerichtet haben. Das Deutschland, wofür Sie gemordet haben, das existiert nicht. Es gibt nur ein Deutschland: eines der Toleranz, der Offenheit und der Vielfalt. Und deshalb sind Sie gescheitert und wir werden Sie ertragen.«

(Offener Brief an Beate Zschäpe, vorgetragen im Rahmen des Kölner Kunst- und Kulturfestes des Bündnisses »Birlikte« – Zusammenstehen, 10.06.2014)

Veränderte deutsche Gesellschaft

Seit der Wiedervereinigung vor 25 Jahren hat sich in Deutschland vieles verändert. Die deutsche Gesellschaft ist vielfältiger geworden, sie ist aufgeschlossener und geduldiger geworden und sie hat sich mehr und mehr von dem Selbstbild der Nachkriegsgeneration befreien können. Das Deutschland, für das Zschäpe und ihre Verbündeten gemordet haben, existiert schon lange nicht mehr.

Über 50 Prozent der Deutschen wählen heute eher bürgerliche Parteien. Die großen Volksparteien SPD und CDU geben Stimmen ab an Parteien, die links oder rechts von ihnen stehen. Angela Merkel regiert zum zweiten Mal als Kanzlerin einer großen Koalition.

Der große gesellschaftliche Umbruch der letzten 25 Jahre, die Umsetzung großer Reformen, wie zum Beispiel der Agenda 2010, und der daraus manchmal entstehende Entscheidungsstau sind zwar von dem Konsens in der Bevölkerung getragen, diese Prozesse vollenden zu wollen, aber sie bringen auch Enttäuschungen und Gefahren mit sich.

Die Entstehung neonationalistisch-völkischer Strömungen, wie zum Beispiel der PEGIDA, und das Stärkerwerden islamischer Fundamentalisten zeigen, dass ein beträchtlicher Teil der gesamtdeutschen Bevölkerung unzufrieden ist mit den veränderten Lebensbedingungen, nicht bereit, die Ansichten über den Zuzug von Fremden und die Auffassung vom Zusammenleben zu ändern. Dieser Teil der Bevölkerung hält fest an einer anachronistischen Vorstellung von deutscher Identität und richtet seinen Protest immer mehr auch gegen Unschuldige, wie zum Beispiel Asylbewerber und Flüchtlinge.

Es ist für die Mehrheit der Gesellschaft mehr denn je vonnöten, sich auf die veränderte Lebensrealität einzustellen und sich für deren Bestand einzusetzen, vor allem auch, um der Gefahr an den Rändern nicht das Feld zu überlassen.

Wir dürfen unsere Meinungsbildung genauso wenig den Teilnehmern der TV-Talkrunden überlassen, wie wir uns an die dumpfe Stimmung der Bierzelte und Stammtische anheften sollten. Wir brauchen mehr gesunden Menschenverstand und weniger Allgemeinplätze.

Dazu gehört, dass wir uns mit unserer gesellschaftlichen Verfassung beschäftigen, sie hinterfragen und bereit sind, Fehler zu korrigieren. Ein solcher Fehler war die Integrationspolitik der 1970er Jahre, ein weiterer der Irrglaube, Deutschland könne sich schneller wieder vereinigen, als die Menschen innerlich dazu bereit waren.

Die Auseinandersetzung mit »Mein Kampf« gehört unbedingt dazu, um unsere Haltung und die Fortschritte bei der Bewältigung unserer Geschichte zu erforschen. Ein endgültiges Gespür für die verführerische Kraft populistischer Aussagen entwickelt man erst dann am besten, wenn man zurückführen kann, woher sie kommt.

Dieses Gespür ist wichtig in unserem Zusammenleben, denn es bewahrt uns vor der Anfälligkeit, uns Meinungen aufzwingen zu lassen. Bevor wir alles glauben, müssen wir viel mehr wissen. Und auch, wenn wir meinen, vieles zu wissen, heißt es noch lange nicht, dass wir alles glauben müssen.

Der Begriff »Diktatur« wie auch die Definition von »Faschismus« haben sich vielleicht im Laufe der Zeit verändert, aber im Kern sind ihre Bedeutungen gleich geblieben. Der Nazi von heute muss keine Springerstiefel mehr tragen, er kann Fernsehredakteur sein, der Texte zensiert, Gangsta-Rapper, der beleidigt und droht, er kann auch vegan sein oder Allahu Akbar rufen.

Wer andere herabsetzen muss, um seinen Selbstwert zu bewahren oder zu erhöhen, der ist und bleibt ein Nazi. Wer andere erniedrigt und demütigt, wer die Grenzen seines Gegenübers nicht achtet und sich selbst für das Maß aller Dinge hält, ist Nazi. Wer an Ideologien glaubt, deren Kern er nicht prüft, wer auf andere anwendet, was er selbst nicht erträgt, wer in seinen Gedanken unbeweglich ist und andere dazu nötigt, konsequent zu sein, ist Nazi.

Solange wir erkennen können, wer versucht, uns seine Sicht der Dinge als einzig wahre aufzuzwingen, so lange sind wir auch immun dagegen, uns von einem solchen Gebaren anstecken zu lassen. Die größte Errungenschaft, von der wir heute vielleicht alle profitieren, ist, dass jeder Mensch, egal, woher er kommt oder woran er glaubt, egal, mit wem er schläft oder was er isst, ein Recht auf einen Platz in unserer Gesellschaft hat. Sobald jemand einen anderen dazu zwingt, nach seiner Norm zu leben, verliert dieser Jemand den Anspruch auf den Platz.

Dieses einfache Prinzip ist für die meisten Menschen schwer auszuhalten. Sei es, weil sie Angst haben, sich gegen etwas aufzulehnen, und lieber unterdrückt werden, sei es, weil sie selbst unterdrücken wollen. Erst dann, wenn wir es schaffen, von uns selbst abzusehen, und von unseren Überzeugungen zurückweichen, erst dann können wir auch Kompromisse mit anderen finden und uns von den Fesseln unserer Minderwertigkeitsgefühle lösen. Erst dann beginnen wir auch sozial zu sein. Erst dann sind wir fähig zu einem wirklichen Frieden mit uns und unserer Umgebung.

Welche Chancen birgt die Freigabe von »Mein Kampf«?

Ich vertrete die Meinung, dass wir eine Freigabe von »Mein Kampf« dringend brauchen und dass diese unserem Ruf als Deutsche sogar eher nützlich sein könnte, als schädlich zu sein.

»Mein Kampf« ist vor allem ein wirres, schwer lesbares Werk. Ich habe es mehrfach gelesen und immer wieder festgestellt, wie sehr mich die ellenlange Sätze darin ermüden und wie oft ich neu ansetzen muss, um zu verstehen, was eigentlich gemeint ist. Vieles wiederholt sich und wird in einer ausufernden Ausführlichkeit beschrieben, was zumindest zu einer Erkenntnis führt: Ein gut geschriebenes Buch ist »Mein Kampf« nicht.

Ein weiterer Punkt, der für die unkommentierte Veröffentlichung des Buches spricht, ist, dass darin auch immer wieder selbstentlarvende Passagen und Ansichten enthalten sind, die ohne eine Anleitung, sie zu verstehen, aus meiner Sicht einen deutlich abschreckenderen Effekt beim Leser erzielen, als ihn kommentiert zu begleiten und damit die Aussagen sogar aufzuwerten.

Nach den Vorgaben des Urheberrechts muss »Mein Kampf« 70 Jahre nach dem offiziellen Tod des Autors, also ziemlich genau im Jahr 2015, freigegeben werden, ob die bayerische Landesregierung, die seit 1945 die Urheberrechte besitzt, es will oder nicht. Sie will es nicht. Und deshalb versucht sie weiter krampfhaft, eine Freigabe des Schinkens zu verhindern, und argumentiert wie eh und je: Eine unkommentierte Ausgabe des Buches könne dem Ansehen der Deutschen im In- und Ausland schaden und daher sei es oberstes Gebot, zu verhindern, dass diese Schrift frei auf den Markt komme.

Womit wir beim größten Widerspruch der ganzen Angelegenheit überhaupt wären, denn de facto ist »Mein Kampf« bereits seit Jahren frei erhältlich. Und nicht nur im Ausland kann man das Werk in einer der über hundert Sprachen bestellen, in denen es bisher erschienen ist. Auch im Inland kann man das Buch, sei es in Antiquariaten oder bei der Oma, aber auch übers Internet problemlos beziehen und lesen.

Das Verbot ist lediglich der verzweifelte Versuch der Bayern, so zu tun, als könne man auch heute noch verhindern, dass Menschen an gefährdende Inhalte gelangen. Schließlich leben wir in einer Zeit, in der man über das Internet in Sekundenschnelle an ideologisch verfängliches oder strafbares Material gelangen kann. Wen interessiert das schon? Und wie will man das verhindern?

Zugleich ist dieser Umgang mit »Mein Kampf« ein Indikator für das Verständnis einer politischen Institution darüber, wie man mit den Relikten der Vergangenheit zu verfahren hat, und ein Offenbarungseid in Sachen Aufklärung.

Denn wie will man den Menschen das Manipulative dieses Textes vermitteln, ohne sie ihm auszusetzen? Mehr noch, unterstellt man dem Werk nicht viel zu viel Qualität, wenn man glaubt, dass mehr als 90 Jahre nach Erscheinen noch ein unheilvoller Effekt von ihm ausgehen kann?

Jeder, der sich durch die 800 Seiten quält, wird eher überfordert oder gelangweilt sein. Wäre es nicht sinnvoller, das Buch zunächst zu entstigmatisieren und damit den Umgang mit diesem Thema zu entmystifizieren?

So aber werden Ausgaben des Buches, wie vor Kurzem in England, für mehrere zehntausend Pfund versteigert und wer es dann nach zähem Kampf, an das Objekt seiner Begierde zu gelangen, endlich in den zitternden Fingern hält, dem läuft ein Schauer über den Rücken und es stellt sich letztendlich genau das ein, was die bayrische Landesregierung verhindern wollte: Ehrfurcht vor einem Text, der es nicht verdient hat, dass man ihn auf einen Sockel hebt. Ihm wird auf diese Weise mehr Qualität zugemessen, als er verdient hätte.

Es wird wohl darauf hinauslaufen, dass Ende des Jahres 2015 eine kommentierte Fassung auf den Markt kommt. Abgesehen davon, dass diese bereits in unterschiedlichen Varianten und Sprachen existiert. Ob Ian Kershaw, Christian Zentner, Barbara Zehntpfennig oder Werner Maser, viele namhafte Historiker haben sich bereits an eine Analyse des Werks gewagt und es wurden zahlreiche zum Teil aufschlussreiche, zum Teil aber auch überholte Abhandlungen über Hitler und sein Buch geschrieben.

»Mein Kampf« bleibt auch ohne Kommentar und Anleitung eines der unlesbarsten und am schlechtesten geschriebenen Bücher der Zeitgeschichte, dessen wesentliche Inhalte von anderen zuvor schon formuliert worden sind und dessen Thesen zudem komprimierter in jeder rechtsradikalen Wochenzeitung zu lesen wären. Ob Alfred Rosenbergs »Mythos des 20. Jahrhunderts« oder

Gustave Le Bons »Psychologie der Massen«, bei vielen Vorlagen, von denen Hitler seinerzeit schlicht und einfach abgeschrieben hat, handelt es sich auch heute noch um legal erhältliches Material.

Entweder also man verbietet alles oder gar nichts. Das Verbot und das Tabu sind sinnlos, solange es nur ein Tropfen auf den braunen Stein bleibt. Schlimmer noch, erst das Verbot macht diesen literarisch-ideologischen Schund zur Devotionalie.

Solange die Deutschen sich diesem Gedanken und den damit verbundenen Abgründen nicht annähern und einen souveränen Umgang damit entwickeln, wird es in diesem Land immer ein Mysterium bleiben, wie solche Katastrophen zustande kommen konnten und wie man sie in Zukunft verhindern kann. Und nicht nur in Deutschland gilt es, diese Aufgabe zu bewältigen. Ob in Frankreich, Belgien, Holland, Österreich oder der Schweiz, erst wenn wir bereit sind, uns darauf einzulassen, dass Hitler auch in jedem von uns steckt und dass er ein Teil von uns ist, beginnen wir die wirkliche und fundierte Aufarbeitung unseres Schicksals in die Hand zu nehmen.

Schlusswort

Die Ereignisse im August 2015 insbesondere im sächsischen Heidenau und der dortige gewalttätige Protest des rechtsradikalen Mobs gegen die Errichtung einer Notunterkunft für Flüchtlinge, die Debatte um einen richtigen Umgang mit Asylbewerbern und die Spaltung der deutschen Gesellschaft in Befürworter einer liberalen Einwanderungspolitik und Gegner von Zuwanderung zeigen exemplarisch, wie wichtig es bis zum heutigen Tage geblieben ist, über neue Wege und Lösungen in unserem Umgang mit den veränderten Problemstellungen unserer Welt nachzudenken, ohne dabei die aus der Geschichte hinterlassene Verantwortung für unsere ethischen Grundwerte aus den Augen zu verlieren.

Gleichzeitig amüsieren wir uns im selben Zeitraum über einen Kinofilm, in dem Hitler, als kauzige Comicfigur dargestellt, in die Jetztzeit zurückkehrt und mit seinen Sprüchen für befremdliche Unterhaltung und unterschwellige Zustimmung sorgt. Ist es noch Satire oder schon Realität, dass wir diese Konstellationen als selbstverständlich wahrnehmen? Hat das eine wirklich nichts mit dem anderen zu tun? Sind wir mittlerweile aufgeklärter und können zwischen Fiktion und Wirklichkeit unterscheiden oder sind wir einfach nur nicht dazu in der Lage, die Zusammenhänge zu erkennen?

Wollen wir die Widersprüche nicht sehen oder hat das eine wirklich nichts mit dem anderen zu tun?

Ist es nicht geradezu pervers, dass wir diese Dinge zulassen, obwohl sie unser Ansehen viel mehr beschädigen als jedes Verbot, das zeigen soll, wie aufgeschlossen und minutiös wir zugleich im Umgang mit unseren historischen Unzulänglichkeiten sind?

Stehen auf den Transparenten der rechtsradikalen Demonstranten nicht dieselben Sprüche in derselben altdeutschen Schreibweise, sind auf ihnen nicht dieselben Symbole zu sehen wie bei den Aufmärschen der fanatisierten Schergen der SA in den Jahren vor der Machtergreifung? Ist die Mischung unserer Lebensumstände aus Ignoranz und Anspruch nicht ein ähnliches Pulverfass wie die Situation der Menschen kurz vor Hitlers Machtübernahme? Und müsste uns all das nicht als Mahnung und Anleitung für ein klügeres Handeln und Denken dienen? Wie antworten wir auf die Parolen der Hetzer und wenn nicht, warum?

Lassen wir uns weiter überrumpeln von den Einschüchterungsstrategien der Demagogen und ihrer extremen Gefolgschaft oder stellen wir uns ihnen in den Weg? Es gibt in diesem Land vieles, worüber man nachdenken müsste, und es ist höchste Zeit, das eigene Verhalten gründlich zu hinterfragen.

Stattdessen rücken die Komponenten der Verführbarkeit immer näher an uns heran und wir übersehen nicht selten die schwerwiegenden Ausmaße und Folgen dieser Eskalationen, wir halten sie für Ausnahmen und ignorieren sie, solange sie weit genug entfernt sind. Wir reden viel zu oft über die Symptome unserer Versäumnisse, aber wir bekämpfen selten ihre Ursachen.

Es ist schon längst überfällig, dass wir uns mehr Gedanken machen, um so den Affekten zu entkommen, die unser Denken bestimmen. Dazu gehört auch der Mut, sich auf etwas einzulassen, so unangenehm es auch sein kann. Am Ende steht vielleicht eines Tages die Erkenntnis, zur entscheidenden Zeit das Richtige getan zu haben, um nicht sagen zu müssen, von alldem nichts gewusst zu haben.

© 2015 WortArtisten GmbH, Köln
1. Auflage 2015

Projektkoordination: Judith Ngo
Layout und Satz: Friedemann Weise, inbeige
Umschlaggestaltung: Friedemann Weise, inbeige
Coverfoto: Michael Palm, palmpictures

Druck und Bindung: CPI Books GmbH, Ulm
Printed in Germany
ISBN: 978-3-942454-17-9